PIDE LO QUE MERECES

PIDE LO QUE MERECES

UNA GUÍA FEMINISTA PARA ROMPER
LAS ABSURDAS REGLAS
DEL MUNDO DE LAS CITAS
Y ENCONTRAR EL AMOR

LILY WOMBLE

Traducción de Rocío Pereyra

TENDENCIAS

Argentina – Chile – Colombia – España
Estados Unidos – México – Perú – Uruguay

Título original: *Thank You, More Please*
Editor original: Legacy Lit
Traducción: Rocío Pereyra

1.ª edición: mayo 2025

Plaza de los Reyes Magos, 8, piso 1.º C y D – 28007 Madrid
www.reinventarelmundo.com

ISBN: 978-84-92917-37-2
E-ISBN: 978-84-10495-97-5
Depósito legal: M-6.020-2025

Fotocomposición: Urano World Spain, S.A.U.
Impreso por: Rodesa, S.A. – Polígono Industrial San Miguel
Parcelas E7-E8 – 31132 Villatuerta (Navarra)

Impreso en España – *Printed in Spain*

Para Chris.
Gracias por enseñarme que más es posible.

ÍNDICE

INTRODUCCIÓN

Salir con alguien va mucho más allá de las citas: mi interminable manifiesto feminista

El mundo de las citas es toda una movida (no me digas). Si estás leyendo este libro, es probable que alguna vez hayas caído en el círculo vicioso de pensar:

«¡Quiero encontrar a alguien!».

Que, inevitablemente, va seguido de: «Buf, la cosa está complicada ahí fuera. La verdad, no *necesito* a nadie. ¡Estoy genial sola! ¡Paso de citas!».

Y luego tu mejor amiga encuentra pareja y sientes ese pinchazo en el pecho que te hace pensar: «Uf, yo también quiero encontrar a alguien. Tal vez podría empezar a tener citas otra vez».

Y así comienza el ritual de descargar y eliminar (¡y descargar y eliminar!) todas las aplicaciones de citas.

¿Puedo meterme en tu cabeza un segundito? Constantemente te preguntas cosas como:

¿Por qué sigo soltera?

¿Por qué a mis amigas les resulta tan fácil y a mí no?

¿Será mi culpa?

Y la peor de todas: *¿Voy a morir sola?*

La verdad se encuentra un poquito más allá de estas preguntas: Quieres algo. Ese algo todavía no ha llegado. Tu cabeza está haciendo horas extras para tratar de solucionar ese «problema».

Eres un ser humano brillante, ambicioso, feminista hasta la médula y has creado una vida maravillosa. ¿Cómo lo sé? Porque estás leyendo este libro. También sé que eres una persona valiente en el ámbito laboral, que tienes amigos increíbles, te preocupas de verdad por el bienestar de quienes te rodean y, además, destacas en todo lo que te propones. Entonces, ¿por qué tu vida amorosa difiere tanto de todo esto?

Tener citas es una de las actividades que más vulnerables hace sentir a los seres humanos. Es como llevar el corazón en la mano. Esa sensación de soledad que sientes cuando estás a solas en tu casa un sábado, disfrutando de tu hermoso apartamento y deseando poder compartirlo con alguien. Es ese anhelo de encontrar a la pareja adecuada, con la cual formar una familia y hacer esnórquel en tres continentes distintos. El deseo de encontrar amor, sumado a lo frustrante que puede ser salir con alguien, puede volverse una experiencia intensa y agotadora a nivel existencial. Tal vez trates de esquivar esos pensamientos y te refugies en un estado de alta productividad, en un intento por «solucionar» ese problema.

Pero tu cerebro empieza a analizar tu soltería desde otros ángulos, y tienes pensamientos como:

¿Debería perder peso?

¿Estaré pidiendo demasiado?

¿Seré demasiado intensa?

Quizá coqueteas con la idea de contratar a una *matchmaker*. Después de llegar al punto del agotamiento (y de que tanta gente te diga: «¡Sucederá cuando menos lo esperes!»), dejas de tener citas y declaras ante tus seres queridos «Ya está. Se acabó. Sucederá cuando menos lo espere».

Y ahí estás otra vez, desempolvando las antiguas apps de citas en cuanto te enteras de que tu última amiga soltera se ha enamorado de alguien que conoció en otra de esas apps. En el fondo de este ciclo sin fin se esconde el verdadero problema (y no eres tú).

En las últimas cinco décadas, las mujeres han vivido una gran revolución respecto a la consecución de logros personales y profesionales. Hay muchísimos libros acerca de cómo negociar un aumento o hacerse valer en el trabajo.

Pero la forma en que nos enseñaron a tener citas sigue siendo propia del medioevo.

Nos enseñaron que debemos confiar en una aplicación para que nos saque de la soltería. Nos dijeron que desear profusamente tener una relación es de «desesperada». Que ese deseo de encontrar a la persona indicada (y el de *¿Qué tengo de malo? ¿Por qué no he encontrado a nadie todavía?*) te convierte en una persona menos empoderada. Además, está ese mito en el imaginario popular que dice que, si quieres estar en pareja, entonces no eres tan feminista.

Y luego, en el otro extremo, está la construcción social de que las mujeres son menos «valiosas» si no tienen pareja.

En respuesta a eso, la creencia popular acerca de las citas dice que: si quieres encontrar el amor no debes confiar en ti misma. Y eso puede sonar de la siguiente manera:

«¿Estás segura de que sabes lo que quieres?»

«¡Probemos suerte! ¡Deja que yo haga *swipe* por ti!»

«Tal vez podrías probar la nueva aplicación de citas sobre la que leí el otro día».

«¿Estás siendo demasiado exigente?»

«Tal vez deberías tener más citas».

Este tipo de consejos equivale a agotarte a través de tener más citas, como si fuera un trabajo de media jornada y rebajar tus expectativas porque «nunca sabes quién puede ser la persona adecuada para ti, ¿verdad?»

Yo escuchaba este tipo de cosas por parte de mis amigos y familia constantemente cuando estaba soltera y me costaba encontrar una verdadera conexión (o, bueno, *cualquier tipo* de conexión). Después de años trabajando en la industria de las citas como *matchmaker* profesional y *coach* de citas, pude ver este consejo tan anticuado como lo que realmente es: dañino y sexista.

Todas estas normas son la razón por la cual terminé en la peor relación romántica de mi vida. Y probablemente sean parte de la razón por la cual sientas que tu vida amorosa es miserable. Hoy en día, estas malditas normas están implícitas en la mayor parte de consejos, servicios y apoyo existentes en el mundo de las citas.

TE PRESENTO AL PATRIARCADO

El patriarcado es uno de los principales factores que hacen que las citas sean tan complicadas y desgastantes, en especial para las mujeres. El patriarcado es uno de los personajes más importantes de este libro, así que vamos a conocerlo un poco, ¿te parece?

El patriarcado es una de las razones principales por las que las citas resultan tan arriesgadas y agotadoras. El patriarcado es el villano de este libro, así que, para que sepamos de qué estamos hablando, veamos cómo lo define el *Cambridge English Dictionary*:

Patriarcado: El control establecido por el hombre, en vez de la mujer o de ambos, del poder y la autoridad en una sociedad.

¿Qué otro sistema igualmente jodido precedió y dio lugar al patriarcado? La supremacía blanca. Estos sistemas de opresión se arraigan en la sociedad para mantener el poder en manos de personas que, en su mayoría, son hombres cisgénero, ricos, heterosexuales, sin discapacidades y blancos.

Por eso me considero una *coach* de citas feminista «interseccional». Si salir con alguien afecta nuestro bienestar personal, entonces estoy convencida de que lo contrario también es cierto: la forma en la que encontramos el amor, la forma en la que vivimos, así como mi manera de trabajar, también influyen en el bienestar de quienes nos rodean.

El feminismo interseccional es otro de los personajes principales de este libro, así que pongámoslo en contexto:

Según lo define el diccionario *Merriam Webster*, el feminismo es la «creencia y defensa de la igualdad política, económica y social entre sexos».

Por otro lado, para aquellos que quieren mantener el *statu quo* y solo han aprendido a sobrevivir a través de mantenerlo, «feminista» también es, prácticamente, una «palabrota».

El feminismo interseccional, término acuñado por Kimberle Crenshaw, defensora de los derechos civiles en Estados Unidos y una de las principales académicas detrás de la teoría crítica de la raza, consiste en «un prisma a través del cual observamos cómo las distintas formas de desigualdad muchas veces operan en conjunto y se retroalimentan».

Creo que no podemos hablar de crear una vida amorosa increíble para ti (y para millones de lectores alrededor del mundo) sin decir que la industria de las citas (y el proceso detrás de estas) son un caldo de cultivo para dichas normas patriarcales dañinas. Estas normas enseñan a las mujeres a reprimirse con tal de ser más «agradables». Estas normas también fomentan el racismo, la homofobia y la transfobia que hoy en día proliferan en el mundo de las citas.

Y, para ser completamente honesta, como os habréis dado cuenta al ver mi *icónica* foto en la contraportada del libro, soy una mujer blanca. También soy cisgénero, bisexual y estoy casada con un hombre cisgénero con quien mantengo una relación aparentemente heterosexual. Sé que tengo una tonelada de privilegios que no me he ganado. Seguramente habrá muchas cosas con las que me equivoque en este libro y otras que cambiarán con el tiempo. Soy consciente de que soy una persona imperfecta escribiendo un libro imperfecto. Estoy convencida de que, del mismo modo que estos consejos y herramientas han ayudado a cientos de personas antes que a ti, también te servirán para construir la vida amorosa que deseas.

Estoy escribiendo este libro desde la perspectiva del feminismo interseccional porque sé que hay muchísimo trabajo por hacer, en el mundo de las citas y en todas partes.

En palabras de Audre Lord «No seré libre mientras haya otras mujeres prisioneras, aunque sus cadenas sean distintas a las mías».

Ahí va otro ejemplo de cómo la perspectiva del feminismo interseccional repercute en nuestro trabajo: Sé que estás completa, con o sin una relación. Te mereces encontrar lo que quieres a través de *toda* tu ambición, poder y confianza.

Mi misión es ayudarte a crear *tu propio* camino para atravesar las aguas turbias del mundo de las citas. Un camino donde priorices tu bienestar, tus límites y todo tu valor. Más allá de la frontera del *statu quo* existe una vida amorosa más divertida y vibrante de lo que puedes imaginar ahora mismo (gracias, quiero más ¡por favor!).

Para todos los que dicen «¿Eh? ¿Qué tiene que ver todo este tema del feminismo con mi vida amorosa? ¿Acaso quieres decir que todos los hombres son malos y que para encontrar el amor tengo que considerarme feminista?».

En primer lugar, para mí el feminismo va de que todo el mundo sea libre. Creo que el feminismo es una herramienta para la libertad colectiva y también para la libertad personal. Y, en términos de tu vida amorosa, creo que es una herramienta para hacer frente y deshacer esas normas que os tienen a ti y a tus necesidades confinadas en una caja.

Creer que no todos los hombres son terribles y entender que es necesario un cambio más profundo son verdades que pueden coexistir. A eso lo llamamos «tanto/como», y vas a encontrar muchas declaraciones e ideas de «tanto/como» a lo largo de este libro.

Entonces ¿por qué creo que el patriarcado es (en gran parte) responsable de que tener citas sea una experiencia tan horrible?

Si el patriarcado quiere mantener el poder en manos de los poderosos, entonces le conviene que las mujeres se conformen.

Por eso nuestra sociedad educa activamente a las mujeres para que no confíen en sí mismas. Les enseña a ser «agradables» en detrimento de su audacia y honestidad. Les inculcan que son «egoístas» por desear lo que quieren o por ser ambiciosas, combativas y complejas.

Nos enseñan que estar solteras es sinónimo de ser inferiores, y dado que, como seres humanos estamos programados neurobiológicamente para querer encajar (y para temer al rechazo como a la muerte), la única alternativa socialmente aceptable es conformarse con un hombre cisgénero medianamente bueno con quien procrear y generar más mano de obra.

Los antiguos estándares patriarcales de las citas se ven exacerbados por una industria adictiva y sedienta de ganancias (las aplicaciones de citas fueron literalmente diseñadas como máquinas tragaperras), que ya genera tres mil millones de dólares. Esos estándares patriarcales también se perpetúan (a propósito o por defecto) por aquellos amigos y familiares que han aprendido a sobrevivir a través de reducir sus necesidades. Ese fue mi caso.

De pequeña era muy sensible, creativa, testaruda y estaba a cargo de todos los clubes del colegio. Por ejemplo, en primero, las chicas me excluían de sus juegos en el recreo. No querían jugar conmigo y, en consecuencia, yo creía que era culpa mía. Mi reacción fue empezar a hacer aquello para lo que nací: dar órdenes a la gente (en otras palabras, liderar).

Así que empecé un club de reciclado. Fundé una organización, organicé una limpieza de todo el patio de la escuela y logré que pusieran el primer contenedor de reciclaje junto a la oficina de la directora de mi escuela primaria. Estaba muy orgullosa. Mi madre todavía conserva el folleto que dibujé a mano para el club «Manos Solidarias» y encuadró una foto mía estrechándole la mano a la directora en la ceremonia de inauguración.

Ya con doce años, mi mamá, una persona hermosa, creativa y con un talento increíble, alimentaba mis hábitos de liderazgo, reciclaje, canto y mi «Lilismo» en general.

En una de esas charlas sobre mi futuro, los chicos y las citas, me miró y me dijo: «Lily, la mayoría de la gente no puede con tanta intensidad. Encontrar un marido que te tolere no será sencillo».

Sentí sus palabras como un puñal. En especial teniendo en cuenta lo mucho que me gustaba jugar y disfrazarme con ese vestido de novia tan bonito de mi madre. ¿Las niñas de la escuela tenían razón? ¿Era tan intensa que ninguna persona me querría por el resto de mi vida? ¿Jamás tendría mi propio vestido de novia? ¿Acaso estos estaban destinados para las chicas que no eran tan «intensas» como yo?

La confusión se apoderó de mí. Mi cerebro estaba intentando descifrar por qué mi madre me había dicho eso a tan corta edad. ¿Estaba tan rota que necesitaba prepararme desde *ese* momento para que mi vida amorosa fuera terrible? (Luego descubrí que su hermano mayor le había dicho exactamente lo mismo cuando ella tenía doce años. Hola traumas patriarcales generacionales).

También tuve la intuición de que el hecho de que me iba a «costar conseguir un marido» era un gran problema.

Me crie en Alabama, y allí vi que el valor de la mujer estaba estrechamente ligado a la relación que tenía con un hombre cisgénero. En ese contexto, el matrimonio implicaba seguridad, pertenencia y supervivencia, literalmente.

Fui a una boda detrás de otra, y en cada una de ellas la novia decía en sus malditos *votos*: «Prometo obedecer a mi marido».

Y el marido decía «Prometo guiar a mi mujer como Cristo guio a la iglesia».

Incluso con doce años, presenciar esas situaciones me enfurecía. Percibí todo eso, sumado a lo que mi madre me había dicho sobre mi «intensidad», como una sentencia a la soledad infinita. Mi cabeza era un hervidero de contradicciones, como: «No quieres obedecer a nadie, pero eres demasiado intensa. Por eso no tienes amigos, y todo esto hace que la mayoría de gente prefiera mantenerse lejos de ti. Buena suerte allá afuera, solterona».

Eso era lo que pensaba a los doce años.

Después de que me adoctrinaran con la idea de que era «muy intensa», salí al mundo con el objetivo de ser una feminista feroz e independiente y, *de paso*, demostrar que mi madre estaba equivocada. Un cóctel de presión que estaba destinado al fracaso desde el principio.

Avancemos hasta mis veinte años. No tenía una relación desde la secundaria, todavía no había tenido sexo y sentía que estaba a años luz del resto de mis amigos.

A los veintiún años, en un intento por superar esa etiqueta de «haberme quedado atrás», rompí mi compromiso de abstinencia avalado por el gobierno de Alabama (un cuadrado de plástico rígido, parecido a una tarjeta de crédito, que me habían obligado a firmar en séptimo frente a mi desaliñada entrenadora de gimnasia). Dato curioso: sin ningún tipo de ironía, ese plástico vivió en mi billetera durante una década, incluso mucho tiempo después de haber superado esa fase. Ahora podía decir que estaba *lista para la acción*. El despertar de mi sexualidad hacía que todas las oportunidades de encuentros casuales parecieran *electrizantes*.

Pero después de algunas sesiones intensas de besuqueos y encuentros incómodos con hombres que me presionaban para llegar más lejos de lo que quería, descubrí que el sexo sin compromiso definitivamente no era para mí. Esta era otra razón por la que me sentía rara y que «me había quedado atrás».

En cuanto a mi vida profesional, acababa de mudarme a Nueva York tras acabar quemada del mundo del activismo feminista. Llevaba años trabajando para organizaciones que defendían los derechos reproductivos de las mujeres en Misisipi, asistiendo a conferencias sobre la situación global de los derechos de las mujeres en Turquía, e incluso llegué a dar una charla sobre derechos reproductivos en una conferencia en Malasia.

El bienestar de mujeres y niñas siempre ha sido una prioridad fundamental y una motivación central en mi vida. Después de haber crecido en Birmingham, Alabama, mi rabia justificada contra el *statu quo* del patriarcado se había convertido en mi forma de expresar amor.

Y, al mismo tiempo, buscaba frenéticamente un marido potencial en cada tienda, entrevista de trabajo y turno nocturno que me tocara. En mi cerebro siempre retumbaba la misma voz: *Eres muy intensa* y *no eres suficiente. ¡Tienes que demostrarle al mundo que esto es mentira! Tienes que conseguir un novio o estarás destinada a la soltería y a sentirte incompleta para toda la eternidad.*

En el trabajo pasaba el tiempo buscando citas por Internet. En esa época, tenía cuatro trabajos para poder sobrevivir: maestra de preescolar, niñera, recepcionista y, el más icónico de todos, creadora de sombreros de globos en Señor Frog's en Times Square.

Me ponía mi mejor camiseta ajustada y mis vaqueros, y caminaba por el lugar con un pin que decía «hago globos a cambio de propinas». Sostenía un enorme barril de globos inflados sobre mi cabeza, e iba de mesa en mesa preguntando quién quería un sombrero de vikingo, flor o una palmera con hojas de dinero. Después de las diez de la noche, la pregunta cambiaba a: «¿Quién quiere un globo con forma de pene?». También podía hacer un *sombrero* de un pene eyaculando sobre un par de labios. Tenía *mucho* talento.

Mi única ganancia eran las propinas, no me pagaban un salario por hora. Recuerdo ir al cajero automático del *Bank of America* a la una de la mañana y depositar los billetes de dólar uno a uno durante una hora. No podía hacerlo todo de golpe porque los billetes estaban tan desgastados que quería asegurarme que la máquina los registrara todos.

Me iba bastante bien para ser alguien que hacía sombreros con globos. Pero también tenía ataques de pánico bastante fuertes durante los descansos. Tenía problemas de ansiedad, y las luces estroboscópicas me afectaban mucho. Además, tener que gritar por encima de los remixes de Jason Derulo para pedir propinas definitivamente no era lo mío.

Un sábado tranquilo, durante mi turno de las cuatro de la tarde en Señor Frog's, estaba deslizando el dedo en una aplicación de citas cuando me topé con un perfil que me llamó la atención. Pensé: «Mmm, interesante. Fue a una buena escuela, así que debe ser inteligente. Es bastante guapo. Y su descripción es ingeniosa». Deslicé a la derecha.

Empezamos a chatear y me invitó a salir esa misma noche. Al principio dudé, pero mis compañeros de trabajo me convencieron de que fuera.

Llegué veinte minutos antes y me hice amiga del camarero. Cuando mi acompañante entró, se le veía un poco desaliñado. Tras una conversación un poco incómoda, miré al camarero con una expresión que decía: «Esto no va a durar mucho».

Mi cita me contó que había venido a Nueva York a pasar el verano, ya que vivía en otro lugar donde cursaba sus estudios. Es decir que estaría aquí solo durante dos meses. Interesante.

Bebimos demasiado vino y, como suele pasar después de tomar alcohol, la conversación y la conexión empezaron a fluir. Unas cuantas copas más tarde, lo invité a mi casa. Por aquel entonces vivía en una habitación dentro de una iglesia cristiana progresista en pleno centro de Manhattan, donde trabajaba en su organización sin ánimo de lucro a cambio de alojamiento. *¡Icónico!*

Fue una noche divertida y emocionante. Al día siguiente compartimos un *brunch*. De repente, la situación parecía haber cobrado seriedad con suma rapidez. *Sexo. Brunch. ¿Es lo que había estado esperando?*

Dylan, este nuevo chico, y yo nos pedimos exclusividad en menos de dos semanas. Me atraía su intelecto y a él le atraía mi personalidad carismática. Nos dijimos «te amo» demasiado rápido. Tuvimos sexo. Perdí mi virginidad y me enamoré.

No podía creer que alguien quisiera estar conmigo. Después de haberme sentido sola e «intensa» la mayor parte de mi vida, en especial de cara a los hombres, tenía la sensación de estar corriendo la Marathon *des Sables,* que es, literalmente, una maratón de ciento cincuenta y seis kilómetros y seis días en pleno desierto del Sahara.

Había estado corriendo bajo el calor del sol durante mucho tiempo y necesitaba encontrar un lugar fresco donde beber agua y descansar. Esta relación sació esa sed.

El problema con el desierto del Sahara es que aquello que al principio parece un lujo, después termina siendo lo mínimo e indispensable.

Tener novio era una forma de decirle al mundo que no tenía ningún problema. Que era digna de recibir amor. Que me habían elegido. Todos (dentro de mi cabeza) podían dejar de preocuparse por si yo era «demasiado intensa» para encontrar a alguien o no. *¿Veis?* Aquí hay una persona que le está demostrando *a todo el mundo* (de nuevo, solo a mí, en mi cabeza) que no soy tan «intensa» y que soy digna de ser amada.

Me moría de ganas de contárselo a mis amigos y familiares. No más quejas de Lily sobre su vida amorosa ni dudas de si alguna vez encontrará a alguien. ¡Ya podéis seguir con lo vuestro y dejar de preocuparos porque ya *he sido elegida* por un *hombre*, amigos! Me moría de ganas de presumir de esta nueva relación y tener a alguien a quien besar sobre algún puente.

Ese verano, una amiga mía se iba a casar en Ámsterdam. Dos meses después de empezar a salir, en un arrebato de valentía, le pedí a Dylan que viniera a Europa conmigo para la boda. Dijo que sí.

Mi cabeza iba a mil por hora pensando: «¡Dios mío! Va a viajar a Europa conmigo. Esto es serio. ¿Es este el romance de ensueño del que siempre he leído en los libros? ¿Será el indicado?»

Unos días después, me dijo que quería ir a Europa conmigo, pero no a la boda con mis amigos. Dijo que nuestra relación no era tan seria como para que fuera mi acompañante para la boda. (¡*Red flag*!)

Bueno —pensé— asumir un compromiso es algo importante en toda relación (o eso había oído). Tendrá sus razones y quiere seguir estando conmigo, eso es lo que importa. Tal vez todavía no es hora de que conozca a mis amigos.

Con el fin de prepararme para el viaje (que, la verdad, no podía pagar), me hice mi primera tarjeta de crédito con mucha emoción, pagué los vuelos y los *Airbnb* y me subí a un avión solo para ir a esa boda. Me lo pasé increíble y al cabo de unos días, me encontré con mi novio para pasar una última noche en Ámsterdam y después viajar a Paris. ¡Hola, viaje soñado!

Nos alojamos en un pequeño apartamento ubicado en un típico edificio parisino. Fue una experiencia muy romántica… e íntima. El apartamento no tenía baño privado y la ducha estaba dentro de la habitación. Hacer popó se convirtió en una ardua tarea que implicaba subir varios pisos por una escalera y el pis se hacía en la ducha, exclusivamente.

Dylan y yo orinábamos uno delante del otro en ese pequeñísimo apartamento. La relación iba muy en serio. *Estaba viviendo el maldito sueño.*

La primera noche que salimos a cenar, pedimos vino y pollo, y en ese momento me di cuenta de que algo no iba bien. Él estaba muy callado y distante y, mientras cenábamos, me miró y me dijo:

—Lily, tengo que decirte algo.

—Claro. Dime.

—Esto no está funcionando. No puedo seguir así. Sé que dijimos que tendríamos una relación monogámica, pero no puedo mantener la exclusividad. Necesito que tengamos una relación abierta o que nos separemos.

El miedo me recorrió todo el cuerpo.

Esta era mi primera relación adulta, la primera vez que tenía sexo con alguien y la primera vez que sentía intimidad con una persona a la que amaba.

La verdad salía a relucir. No me lo esperaba en absoluto. Habíamos decidido tener una relación monogámica, yo por fin había dejado de sentirme «intensa» y él, en nuestra primera noche en Paris, soltó lo que para mí fue una bomba.

A ver, para aquellos que no son monógamos o están interesados en la no monogamia, entiendo que las relaciones abiertas funcionan para mucha gente. No creo que la monogamia sea una regla inviolable dentro de las relaciones románticas. Y, *al mismo tiempo*, era lo que yo quería y lo que habíamos decidido, juntos.

La forma en que lo explicaba me hacía sentir una tonta por tener esa preferencia. Me habló de los beneficios de la no monogamia. De la mayor calidad de comunicación que ello requería. Del hecho de que con el tiempo perdía el interés en las parejas románticas y que esta era una manera de mantener nuestra increíble relación y satisfacer sus necesidades.

Pero lo único que yo escuchaba era: «Eres demasiado intensa. No quiero estar solo contigo».

A día de hoy me imagino que me levanto, le doy las gracias por los buenos momentos compartidos, me retiro de la mesa y disfruto de un maravilloso viaje sola por París. En lugar de eso, me hice pequeña. Esta parecía la única esperanza para mantener una relación romántica después de años de deambular por el árido desierto de la soledad.

Así que decidí intentarlo. Me sentía una *egoísta* por querer el tipo de relación que tanto anhelaba. Tampoco creía que hubiera otras posibilidades para mí en el mundo exterior.

En mi cabeza se repetía la misma canción una y otra vez:

No siempre puedes tener lo que quieres.

Es lo que hay. Tienes que ceder, ¿recuerdas? Las relaciones son así. La mayoría de gente no puede con tanta intensidad.

Y, detrás de todo eso, estaba el pulso constante de la escasez: *Puede que no vuelvas a encontrar a otro.*

También sentía que elegir estar soltera después de *finalmente* haber encontrado a alguien que quería estar conmigo sería una estupidez y una actitud egoísta.

Volviendo a lo nuestro, querida lectora, escarbemos un poco en la superficie y observemos qué estaba pasando realmente:

Yo sostenía la creencia interna de que era «muy intensa». Este era un camino neuronal muy transitado en mi mente, que se había creado a raíz de una fuerte socialización patriarcal, la confirmación de mis padres y otras pruebas sociales (por ejemplo, me sentía sola la mayor parte del tiempo). Esa creencia no parecía algo que pudiera elegir, sino más bien mi forma de ser.

Intentaba desaprender esa historia tomando la iniciativa y buscaba el amor con el objetivo principal de demostrar que la narrativa de «soy muy intensa» no era cierta. Pero en ese momento yo no me daba cuenta de que, al actuar así, estaba consolidando esa narrativa como parte de mi identidad. Le había dado a un hombre el poder de destruir ese dragón.

Sin saberlo, había hecho justo lo que más detestaba (y lo que suele ser una respuesta de supervivencia muy común): **Obedecí al patriarcado con tal de encajar.**

Esa es otra de las cosas que resulta tan frustrante de salir con alguien: parece que el éxito de nuestra vida amorosa está en manos de otro. Que un día cualquiera, alguien te verá con nuevos ojos y te elegirá. Básicamente, esa fantasía apunta a la creencia de que tú no tienes el control sobre nada.

Esta idea de que la relación que deseaba estaba completamente fuera de mi alcance, y de que «cuando una pareja romántica te elige, eres una persona más completa y valiosa» me parecía tan ineludible como cierta.

Si te sientes identificada, quiero que sepas que no estás sola. Este libro propone un camino diferente, uno que priorice tus deseos, tu integridad y tu poder de decisión. Tienes más control del que imaginas, y este camino te llevará a encontrar una relación extraordinaria, bajo tus propios términos. Vamos a recorrerlo juntas.

Ahora, volvamos al lado oscuro.

Estaba intentando convencerme de tener una relación abierta con el primer amor adulto que había tenido. Me aferraba a una decisión muy poco atractiva en mi mente: o aceptas esta relación y sigues con un novio del que, de algún modo, sigues enamorada, *o* eliges dejar la relación.

Esta especie de conformidad fue una estrategia de supervivencia. En un contexto histórico, conformarse con menos de lo que queremos tiene sentido.

El cerebro humano siempre está creando historias para protegernos a partir de los datos que recibe. En nuestra memoria colectiva reciente, hemos tenido que hacer frente a hechos como estos:

Hasta 1974, las mujeres no podían tener una tarjeta de crédito sin el *permiso de su esposo.*

La comunidad LGBTQ+ no podía casarse legalmente en Estados Unidos hasta 2015.

Las personas con útero no tienen control sobre sus derechos reproductivos en la mayoría de los estados de EE. UU. en pleno 2025.

Teniendo en cuenta este contexto, ¿cómo podríamos sentir que tenemos libertad total sobre nuestras decisiones románticas?

Por supuesto que nos engañamos a nosotras mismas y nos metemos en relaciones dañinas para escapar del miedo constante a «morir solas».

Por supuesto que nosotras, como feministas empoderadas, nos rebelamos contra esta narrativa patriarcal internalizada y luego caemos en el extremo opuesto de la hiperindependencia, proclamando: «¡No necesito a nadie!». Pero, al hacerlo, terminamos privándonos del deseo legítimo de tener una pareja romántica que realmente nos nutra el alma.

Yo intentaba abordar este dilema desde el enfoque y el rigor del «alto rendimiento». Me sumergí en investigaciones sobre diferentes formas de no monogamia y escribí una lista de todas las expectativas y preguntas que tenía sobre esta relación abierta (por ejemplo, ¿seremos la pareja principal? ¿Qué compartimos y cuándo? ¿Con qué frecuencia hablaremos?). Organicé una reunión formal para discutir esos puntos con él. Creí que nos ayudaría a satisfacer nuestras necesidades.

Sentí que adentrarme en este proceso de decisión era un paso poderoso y liberador. Sin embargo, al mirar atrás, me doy cuenta de que, en realidad, estaba buscando cómo curar una herida después de que el daño ya estuviera hecho. Solo quería ponerle un parche y seguir adelante con la relación.

Dylan aseguraba que me quería y que haría lo posible por cubrir mis necesidades. Más adelante descubriría que lo que él realmente quería era disfrutar de los beneficios de estar conmigo, pero sin la responsabilidad emocional ni el compromiso de una relación de verdad. Si le decía lo que quería, su respuesta era: «¡Creo que podemos hacerlo! ¡Te quiero! ¡Quiero cubrir tus necesidades!».

Pero después de meses de cancelar citas, culparme por pedir «demasiada» comunicación, mostrarse reacio a conocer a mis seres queridos y pocas demostraciones de cariño, entendí lo que realmente me quería decir con sus acciones: «Tus necesidades son demasiado».

Ahí estaba yo, llorando en el suelo de mi habitación, tratando de entender qué había hecho mal. Esta persona había dejado muy claro que no podía cubrir mis necesidades. Y yo, en un intento desesperado por hacer que la relación funcionara, me convencí de que eso era normal. A veces, las relaciones son un desastre, ¿no? Las relaciones requieren esfuerzo, ¿no es así? Nadie puede cubrir todas tus necesidades, ¿verdad?

Mientras la relación se volvía cada vez más tóxica, yo estaba buscando otro trabajo para sobrevivir en Nueva York. (Señor Frog's cerró su negocio en Times Square; que en paz descanse. Mi talento para hacer sombreros con globos iba a caer en desuso).

Tenía una amiga que trabajaba a media jornada para una empresa de citas, llamémosla *HitchHub*. Me animó a que aplicara. La verdad, no tenía muchas ganas. Finalmente, terminé enviando una solicitud con la idea de que algún día podría contar esa historia tan divertida de cuando apliqué para *matchmaker*.

Mis habilidades de inteligencia emocional (con el resto de la gente) eran excepcionales. Sabía escuchar de forma empática y reflexiva como nadie. Después de años de ofrecer vulnerabilidad y cuidado a cambio de conexión, para mí esto era pan comido.

Superé el proceso de selección sin problema y me desenvolví con soltura en sus extraños juegos de situación. Por ejemplo, me pusieron en esta tesitura: «Acabas de organizar una cita entre un hombre y una mujer (tu clienta). Ella está sentada en el bar, el hombre entra, la mira y luego se va. Tienes que llamarla para explicarle lo sucedido y evitar que te pida un reembolso. ¡Empieza ya!». (Por cierto, esto pasó *de verdad*).

Me dieron el trabajo y empecé con mi primera clienta. Recuerdo que Dylan estaba en mi habitación mientras yo revisaba la base de datos de la agencia de citas para encontrarle una posible pareja. Me preguntó: «¿Qué tendrán en la cabeza estas mujeres para pagar tanto dinero por algo que pueden hacer por su cuenta?».

A lo que yo respondí: «Tener citas es difícil de pelotas. Quieren tener esperanza. Quieren que alguien las apoye. Quizá yo pueda ayudarlas».

Mientras en mi relación me iba haciendo cada vez más pequeña y minimizaba mis necesidades, a nivel *profesional*, estaba organizando citas y volviéndome muy buena en ello (llegué a ser la tercera *matchmaker* más «exitosa» entre un total de ciento sesenta en todo Estados Unidos, ¡toma ya!). Les decía a mis clientas que se merecían mucho más que las relaciones desastrosas de su pasado. Usaba todas las apps de citas por ellas y les insistía en que no se conformaran con menos.

Había un abismo enorme entre ambas realidades. Por un lado, yo aceptaba las migajas aquí en la Tierra y, por otro, daba consejos como si estuviera en Marte.

Como una *matchmaker* profesional y una mujer que había estado soltera la mayor parte de su vida, me aterraba la idea de volver a esa situación. Temía que lo que yo deseaba no existiera. Tenía miedo a estar pidiendo «demasiado» y de que yo fuera «demasiado intensa» para el amor verdadero y para sentirme aceptada.

La soledad que sentía antes de esta relación tóxica era peor que los ataques de ansiedad. La presión era real. Sentía que mi identidad como feminista, como mujer y como ser humano que buscaba aceptación estaba en juego.

Trabajar como *matchmaker* al mismo tiempo que estaba en una relación horrible me enseñó una lección muy importante:

Salir con alguien va mucho más allá de las citas.

La forma en que buscamos el amor y el tipo de amor que aceptamos es un acto tanto personal como político. La forma en que hacemos una cosa determina la forma en que lo hacemos todo.

Por eso digo que las citas son un microcosmos de todas nuestras esperanzas, sueños, miedos, inseguridades y deseos como seres humanos. Resultan vitales para tu bienestar. Tu manera de tener citas puede dar lugar a cambios profundos en tu vida y en el mundo que te rodea.

Pide lo que mereces te guiará paso a paso para que puedas tener una vida amorosa en la que pidas lo que quieres sin miedo y recibas más de lo que jamás imaginaste. Esto implica reescribir esas viejas creencias sobre relaciones que te ayudaron a sobrevivir pero que ya no te sirven, analizar conscientemente los patrones de tus relaciones anteriores, redefinir tus preferencias desde lo más esencial y crear una estrategia auténtica para atraer la pareja que deseas. Es un «Gracias» por lo increíble que eres y un gran «¡Quiero más!» por todo lo que deseas. Todo este trabajo te ayudará a crear una vida amorosa segura y llena de alegría, y hará que la relación correcta sea inevitable. Así es como terminé atrayendo al amor de mi vida.

Este trabajo es lo que permitió que yo (y cientos de mujeres en todo el mundo) pasáramos de relaciones tóxicas, de llorar en el suelo de nuestra habitación, de la duda paralizante y la soledad, a vivir con confianza y con control sobre nuestras vidas. Es entonces cuando atraer un amor extraordinario se convierte en la guinda del pastel.

Así que rompamos todas esas reglas absurdas de las citas, celebremos la persona que eres ahora mismo (¡gracias!) y creemos la vida amorosa más épica que podamos, una que atraiga más de lo que jamás imaginaste (¡quiero más!).

PIDE LO QUE MERECES

1

Es hora de hacer un *detox* de citas

Para llegar a esa vida amorosa que deseas, primero tienes que dejar de tener citas.

Así que te propongo que hagas un *detox* de citas durante, por lo menos, un mes.

Eso significa poner en pausa todas tus citas, borrar las aplicaciones y dejar de obsesionarte con «cómo mejorar tu vida amorosa». Te desafío a que lo hagas.

Puede que al leer esto pienses: «Uf, qué alivio que alguien me dé permiso para dejar de intentarlo, porque esto es jodidamente agotador».

O que pienses: «¿Poner en pausa las citas? ¿Eso qué es? ¡Hace años que no tengo una buena cita!».

O quizá tu cabeza te esté diciendo: «¡Uf, Lily, quiero encontrar a alguien! ¡Dame la fórmula secreta!».

Si alguna de estas ideas te ha pasado por la cabeza, bienvenida al último *detox* de citas que vas a necesitar.

Recuerda que en la introducción dije que las aplicaciones de citas son como máquinas tragaperras diseñadas para engancharnos y agotarnos debido a la ansiedad que intentar encontrar a alguien genera.

CON TODOS USTEDES: EL CASINO DE LAS CITAS

He visto *Ocean's Eleven* más de cincuenta veces, así que ya soy toda una experta en casinos. Si no has visto este clásico del cine de 2001, George Clooney, alias Danny Ocean, lidera a otros diez tipos (ninguna mujer protagoniza la película excepto Julia Roberts, que interpreta a una bellísima damisela en apuros) para robar tres casinos en una única y épica noche. Para prepararse, Danny Ocean hace que todos los integrantes del equipo hagan trabajo de campo para conocer su objetivo al máximo. Él describe el negocio de los casinos de esta forma: «Fueron diseñados como laberintos para que la gente no pudiera salir». Los caminos enrevesados, las luces que parpadean y las salidas imposibles de encontrar; así es como ganan todo ese dinero.

Lo mismo ocurre en el mundo de las citas: nos mantiene a todos atrapados.

El Casino de las Citas es una metáfora de todo lo que has hecho para encontrar el amor a lo largo de los años. Cada máquina tragaperras y cada mesa de *blackjack* contiene todos y cada uno de los consejos, todos los intentos por conocer a tu media naranja, todos los rechazos y relaciones fallidas, y todas las citas prometedoras que salieron mal. Te han enseñado a reunir tus fichas, ponerte tus mejores galas y volver a intentarlo una y otra vez, con la esperanza de llevarte el premio gordo (o sea, encontrar la relación perfecta, casarte en la capilla de Elvis y vivir felices para siempre).

En el Casino de las Citas, las apps para ligar son como esas tragaperras brillantes y ruidosas que no paran de sonar a tu alrededor. Intentan seducirte para que gastes todas tus monedas rápidamente porque las tres cerezas están a un solo paso. Te tientan diciéndote que el amor está «a un *swipe* de distancia». Después de intentarlo una y otra vez, te abstraes y acabas tirando de la palanca sin pensar. O terminas agotada por un sinfín de citas interminables (el constante *ding ding ding ding ding*, hay más dings, pero me molesta hasta escribirlos) y te retiras.

De repente, tu amiga grita: «¡Dios mío! ¡Me ha tocado el bote! ¡Me caso mañana! Solo tienes que seguir jugando un poco más». Tú aceptas el consejo, renuevas las esperanzas y juegas unas partidas más, pero nada pasa. Al final, solo pierdes más tiempo, estabilidad mental y dinero (las citas son carísimas). Empiezas a preguntarte: «¿Lo estaré haciendo mal? ¿Cómo es posible que a ella le haya funcionado y a mí no?»

Entonces empiezas a lamentarte junto a los otros «perdedores» del Casino de las Citas, aquellos que no han ganado nada en años. Y es cuando sales con tus amigos solteros y os quedáis atrapados en ese bucle de conversación sobre lo difícil que es ligar, os quejáis de lo mal que están los hombres, las mujeres, la humanidad entera, y os decís: «No queda nadie decente ahí fuera». Una y otra vez. Hasta que tu madre te presenta al dentista de su vecina, que es «un gran partido», y piensas: «Todo lo demás no ha funcionado, así que lo intentaré». Pero el dentista se pone a hablar de caries sin parar y te das cuenta de que no se ha peinado en años.

Te sientes agobiada y atascada. ¿Y ahora qué? ¿Deberías rendirte? ¿Por qué les ha funcionado a los otros y a ti no? Tienes la cabeza hecha un lío. Tienes hambre. Y sientes que estás sola en el Casino de las Citas porque, al parecer, eres la única que no ha tenido suerte. Te dijeron que para ganar tenías que *jugar bien tus cartas*, pero eso no te llevó a ninguna parte. Parece que a los demás les va bien, pero a ti no.

¿Se entiende esta larguísima metáfora? Quizá te preguntes: ¿por qué tener citas es tan jodidamente difícil?

En el Casino de las Citas hay muchas cosas de las que nadie habla. Como el hecho de conformarte con una relación que simplemente sea «suficiente», el agotador trabajo emocional que implica escanear cada habitación en búsqueda de una persona soltera, o esa insistente positividad tóxica de «solo tienes que tener más confianza» para conseguir una pareja (sin aclarar *cómo* desarrollar esa confianza).

Y más allá de todo esto está la constante presión de vivir en el patriarcado.

El patriarcado es una de las razones principales por las cuales las citas resultan tan agotadoras y arriesgadas. En un artículo de 2018 publicado en *The Guardian*, titulado «La era del patriarcado: Cómo una idea pasada de moda se ha convertido en un grito de guerra para el feminismo actual», Charlotte Higgins desentraña el contexto histórico del término «patriarcado» y ofrece una definición moderna y muy útil: «En su forma más simple, [el patriarcado] transmite la existencia de una estructura social de supremacía masculina que opera en detrimento de las mujeres, de manera similar a como la "supremacía blanca" describe una estructura que funciona en detrimento de las personas negras».

Volviendo a la introducción, estamos abordando este tema desde una perspectiva interseccional (porque es algo más complicado que una sola «cuestión»), así que cuando nos referimos al patriarcado en este libro, también estamos hablando de los sistemas que lo crearon (la supremacía blanca) y de los sistemas opresivos que lo sustentan (el capitalismo, la homofobia, la transfobia y el capacitismo). Todos son sistemas de opresión que se arraigan en la sociedad para mantener el poder en manos de hombres cisgénero, ricos, heterosexuales, sin discapacidades y blancos.

¿Y qué tiene que ver esto con tu vida amorosa? Si el patriarcado busca mantener el *statu quo* masculino entonces es lógico que te hayan enseñado a reprimirte. A minimizar tus deseos, tus límites y tus opiniones, especialmente en un contexto romántico. Y, por supuesto, nuestra sociedad patriarcal se ha organizado en torno a una institución que ha controlado a las mujeres durante siglos: el matrimonio.

Dejemos clara una cosa: yo no creo que el hombre sea el enemigo. Soy consciente de que ellos también sufren los efectos negativos del patriarcado (todos tenemos mucha terapia pendiente). Como señala Higgins: «El "patriarcado" reconoce que no todos los hombres lo apoyan o se benefician de él por igual; y que, de hecho, algunas mujeres juegan un rol muy importante a la hora de sostenerlo. También nos permite entender que, por mucho que lo detestemos, todos formamos parte de él de alguna manera».

No creo que el matrimonio tenga que ser una institución de dominación por naturaleza. Yo elegí casarme con un hombre increíble. Cocreamos nuestra relación todos los días y, a veces, revisamos nuestros roles de género en nuestra terapia de pareja semanal. Una vez que te das cuenta de esto, eliminar el patriarcado de tu vida y relaciones lleva tiempo, seas quién seas.

El problema es que esta mezcla de patriarcado y siglos de poder ha dado lugar a una cultura en la que a las mujeres se las hace sentir como unas fracasadas si no han logrado entablar una relación romántica.

Nos hacen sentir que *hay algo malo* en nosotras si un hombre no nos *elige*.

Este mensaje tóxico es, a veces, ensordecedor. Te golpea con fuerza en las fiestas, cuando tu madre coloca el colchón inflable individual en el salón, justo al lado de tus tres sobrinos, mientras que tu hermana y su pareja duermen en tu habitación de infancia. (Dicho de otra forma: «Las mujeres solteras deben soportar incomodidades en las vacaciones y asumir el papel de cuidadoras porque aún no están en pareja»).

A veces, el mensaje es más discreto, como cuando tu jefe te deja fuera de una gran oportunidad en el trabajo. Él y su esposa se han estado reuniendo con tu compañero y su mujer en fiestas de empresa, pero a ti, que eres soltera, no te invitan a esas actividades en pareja.

También puede ser algo más implícito, como cuando tus amigos con pareja ya no te invitan a salir porque no estás en una relación.

Es el impulso de quedarte con alguien que no es bueno para ti, solo por el miedo a que nadie más quiera estar contigo.

El patriarcado también puede manifestarse en un ex que te hizo creer que estabas loca por querer algo más, o en una persona «experta en citas» que te dice que tú eres el problema por ser demasiado exigente o por no ser tan femenina como deberías.

Puede que estas ideas y comentarios sean de buena fe, pero el impacto que tienen en las mujeres solteras deviene en un cansancio existencial. Se hace difícil respirar en esta atmósfera repleta de basura patriarcal.

El patriarcado está diseñado para mantener el poder en manos de los que ya lo tienen, y las mujeres hemos sido educadas, tanto directa como indirectamente, para creer que es egoísta desear y pedir lo que queremos, porque eso altera el orden establecido. Si querer lo que quieres constituye una actitud egoísta, entonces es lógico que todo el proceso de tener citas parezca un castigo y un sufrimiento.

Además, en algunos círculos feministas aparece la idea de que «si deseas una relación romántica, entonces no eres tan feminista». De modo que, o quiero una relación y soy una mujer básica y poco feminista, *o* niego mi deseo y sigo siendo la mujer fuerte e independiente que sé que soy. La disonancia cognitiva que sentí siendo una mujer feminista soltera fue agotadora.

Toda esa toxicidad de las citas me ponía enferma, literalmente.

Durante años, en lugar de intentar solucionar el problema de raíz, seguí teniendo citas, me embadurnaba con la base de maquillaje más espesa que podía encontrar, me pintaba las uñas con los colores más brillantes y seguía jugando en el Casino de las Citas. Pero mis problemas amorosos empeoraron. Para cuando llegué a mis veintitantos, supe que la cosa iba mal cuando me vi llorando a escondidas en el baño de mi novio de entonces.

Como mencioné en la introducción, conocí a mi exnovio Dylan en una app de citas. Era mi primera relación adulta, nos volvimos exclusivos rápidamente y nos enamoramos en tiempo récord. Nos decíamos «te quiero» a las dos semanas. Nos fuimos de vacaciones a París al segundo mes de relación (un viaje que me llevó *años* pagar).

Dylan accedió a ir a París, pero *no* a asistir a la boda de mi amiga (¡*red flag*!). Una noche, estábamos cenando en un café de lo más idílico y romántico junto al Sena, y me dijo: «Necesito que abramos la relación o nos separemos».

Aunque no me interesaba tener una relación no monogámica, aunque mi cuerpo gritaba «esto no es para ti», elegí lo primero. Seguir con Dylan bajo ese acuerdo de relación abierta me pareció una decisión necesaria en ese momento. Tenía miedo de que esa fuera mi única oportunidad. Era una mujer que había entrado tarde en el mundo de las relaciones, ya en los veintitantos, y acababa de tener sexo por primera vez… con él. Nunca había tenido una relación adulta y pensaba que eso decía algo sobre mí y mi capacidad para tener pareja.

Elegir mantener una relación abierta, y el silencio posterior de Dylan y su manipulación cuando me decía que le estaba pidiendo «demasiado», me hizo sentir como un papel arrugado y desechado. Después de haber visto tantos divorcios a mi alrededor (incluyendo el de mis padres en ese momento), creía que las relaciones exigían ese nivel de sacrificio y compromiso. Y tenía miedo de que volver a estar soltera significara que, efectivamente, yo era «demasiado intensa» y, por tanto, indigna de una pareja.

Después de varios meses de llorar por teléfono, de citas fallidas y de escuchar que mis necesidades eran «demasiado», resultó que Dylan no quería una «relación abierta» sino una «relación inexistente». Mi reacción fue minimizarme a mí y a mis necesidades para adaptarme a lo que él podía ofrecer. En aquel momento, esa decisión me parecía más segura que estar soltera.

Un día, tras nueve meses de relación «abierta» y después de llorar, sentada en el suelo de su baño, miré su apartamento mientras las lágrimas me corrían por la cara. Fue entonces cuando me di cuenta de lo sucio que estaba todo. Las arenas del gato desparramadas por el suelo. Polvo y platos sucios por todas partes. De repente hice clic y comprendí que tenía que irme de allí. Me di cuenta de que había estado tanto tiempo en modo supervivencia en mi vida amorosa, que no había notado el caos a mi alrededor. Me pregunté: «¿Cómo demonios he terminado aquí?»

«SI NO TE RÍES, TE DEJAN»

Antes de mi primera cita a los dieciséis, llamé a mi tía, que siempre había sido mi compinche principal cuando se trataba de «convertirme en mujer». Por ejemplo, fue ella quien me afeitó las axilas por primera vez, con tanta solemnidad que hasta hicimos fotos. En la foto, mis otras tías y mi madre están a nuestro alrededor, observando emocionadas el momento en que la cuchilla Venus me convertiría oficialmente en mujer. Me sentí avergonzada y feliz a partes iguales por ser el centro de atención de ese ritual.

Mi primera cita tendría lugar en el Momma Goldberg's Deli, en el centro de Homewood. Era un lugar emblemático para mi primera experiencia romántica. Aunque estaba justo al lado de mi cafetería favorita, nunca había ido antes. Parecía el lugar donde los chicos populares y con dinero que se burlaban de mí en la escuela solían ir después de clase. Recuerdo que un día antes ya estaba planeando qué pediría. Algo sencillo: un sándwich de pavo, sin mayonesa.

Llamé a mi tía para que me animara antes de la cita y, por supuesto, toda la familia estaba con ella. El teléfono pasó a las manos de mi prima Kristen. Ese momento quedó grabado en mi memoria y en mi historial amoroso. Con toda seriedad me dijo: «Lily, recuerda ser simpática. A los chicos les gustan las chicas simpáticas».

Yo asentí con entusiasmo y decidí que sería como Julia Roberts y me reiría con cada palabra que mi cita dijera.

Algunos años después entendí que lo que me había querido decir mi prima en realidad era un código para: «Hagas lo que hagas, debes complacer al hombre que tienes en frente. Así serás más atractiva. Si no te ríes, te dejan». Con el tiempo, esto se convirtió en un hábito: hacer todo lo posible por complacer a los hombres para que no me abandonaran.

Además, interioricé algunos comentarios de mis amigos, familiares, monitores de los grupos de la iglesia y la revista *Seventeen*, como: «Sucederá cuando menos lo esperes, deja de darle vueltas al coco». «Debes tener más citas; es como la lotería». «Asegúrate de darles más de una oportunidad a tus citas, ¡nunca se sabe!». «Asegúrate de lucir lo mejor posible cuando tengas una cita, incluso si eso implica perder diez kilos. ¡Ahí está la solución!».

Después de años arrastrando esos y otros consejos pésimos hacia mi vida adulta, terminé agotada de obsesionarme con si lo «hacía bien» o no. De obsesionarme con si mi cuerpo era lo bastante delgado o si mi personalidad era lo suficientemente aceptable. Estas fluctuaciones emocionales me provocaron una especie de hinchazón metafórica. Lo único que quería era descansar, así que me conformé con una relación de mierda con Dylan.

Cuando me paré a observar mi vida amorosa sentada en el baño de Dylan, me di cuenta de que tenía dolor de estómago por toda la mierda patriarcal que había estado tragando, esa que me enseñaba a ser más «simpática y complaciente» para captar la atención de un hombre. Mi sistema nervioso estaba completamente colapsado por la ansiedad constante de sentir que estaba «varios pasos por detrás» y de preguntarme por qué parecía tan fácil para todos menos para mí.

Necesitaba purgarme de esta toxicidad de las citas.

Necesitaba dejar de participar en los jueguecitos que me habían enseñado y limpiar toda esa basura acumulada con el tiempo. Entonces, tras varias semanas de charlas motivacionales con mi terapeuta, rompí con Dylan. Necesitaba descubrir cómo iba a ser eso de las citas según mis *propios* términos.

Esto incluía desintoxicarme de los consejos sobre citas que ya no encajaban conmigo o mis valores. Desintoxicarme de las apps de citas. Desintoxicarme de la idea de que necesitaba «tener citas constantemente» con tal de encontrar a alguien. Desintoxicarme de la mentalidad de escasez y de esa lucha constante que me tenía atrapada en la rueda interminable de las citas.

Había estado tan ocupada intentando demostrar que era suficiente con tener una relación, que ni siquiera escuché la voz de mi interior: No necesito tener una relación para demostrar nada sobre mí. Y puedo querer una relación que realmente me haga bien, llegue cuando llegue. El resultado de esta revelación y de mi propio *detox* de citas cambió mi vida.

Como dice Tricia Hersey en su libro *Rest Is Resistance: A Manifesto*: «La cultura del esfuerzo es violencia». Es hora de desintoxicarse de la creencia de que necesitas esforzarte sin parar para encontrar el amor, y de la idea de que salir con alguien tiene que ser un proceso desagradable y agotador.

Aquí están los hechos, sin adornos: La realidad es que la industria de las citas se *beneficia* de que te sientas *mal*. Cuando tu cerebro se vuelve adicto a una app de citas (diseñada para mantenerte en la insaciable búsqueda de algo mejor), dicha industria gana dinero mientras deslizas sin pensar, sintiéndote aturdida y cansada. ¿Cómo? Cuanto más tiempo pasas en la app, más anuncios te enseñan y más mejoras de pago te ofrecen. Por ejemplo, los filtros básicos como la edad o la localización suelen estar bloqueados tras un muro de pago, lo que hace que deslizar sin una suscripción de más de cinco dólares al mes sea frustrante (y una pérdida de tiempo).

Lo que la industria de las citas no quiere que sepas es que hay un camino más fácil, divertido y auténtico para encontrar el amor. Ese camino no tiene nada que ver con la locura del Casino de las Citas.

Te invito a que sigas las señales de salida, ocultas pero presentes, en el laberinto del Casino de las Citas. Una vez fuera, verás una elegante camioneta negra esperándote para llevarte al Spa de Desintoxicación de Citas. Es el tipo de lugar donde se ocuparán de ti, de que cada necesidad sea satisfecha y de que todo lo que ingieras sea saludable y delicioso.

Cuando estés lista para seguir este camino, encontrarás un amor mucho más bonito que el que el patriarcado te ha hecho creer que mereces. Este *detox* de citas te va a dejar *como nueva*, y estarás preparada para afrontar tu vida amorosa de una forma poderosa, como una mujer increíble.

Ahora bien, debo advertirte que el Spa de Desintoxicación de Citas no siempre será divertido. Habrá días en los que sentirás que estás en un retiro infernal, donde la soledad parece una caminata a las seis de la mañana, sin la subida de endorfinas que te da un *match* casual. Un *detox* puede resultar muy incómodo si te has aferrado a la idea de que debes tomar medidas externas para encontrar el amor. Pero para que tú, tu mente, tu cuerpo, tu confianza en ti misma y tu poder de decisión lleguen a la mejor relación de tu vida, necesitarás despojarte de lo que te han enseñado.

Tendrás que deshacerte del estrés, del ruido externo de los malos consejos sobre citas y de la presión constante por avanzar.

Lo mejor del *detox* de citas es que suceden cosas mágicas, curiosas y asombrosas cuando eliminas el bullicio y empiezas a escuchar a tu cuerpo. Muchas de mis clientas han tenido citas fantásticas que surgieron inesperadamente durante su *detox*. Por ejemplo, mi clienta Christine estaba tomando algo con una amiga cuando un hombre guapísimo se acercó y le dijo: «Se te ve tan contenta y radiante. ¿Puedo invitarte a salir?».

Si eso sucede y te parece correcto, adelante. Pero tal como hizo Christine, también puedes decir con toda seguridad: «No, gracias. Estoy bien». Porque lo estás haciendo a *tu* ritmo.

Usa el tiempo que solías dedicar a deslizar o a salir con alguien para hacer cosas que te causen una *alegría* profunda. Haz algo tonto, divertido, y que te haga reír, *solo* para ti. Y entiende que aquello que es para ti seguirá ahí después de este descanso intencionado.

Y de regalo: cuanto más descansada, satisfecha y en paz contigo misma estés, más pierde el patriarcado y más ganas tú.

UN MES DE *DETOX* DE CITAS

Durante al menos un mes y mientras lees los siguientes capítulos, te invito a seguir los siguientes tres pasos:

Paso uno: Haz un *detox* de tu vida amorosa

En este primer paso, te propongo que borres todas las apps de citas, dejes de tener citas[1], pongas en pausa cualquier rollo o relación indefinida que tengas, y dejes de enviar mensajes a tus ex o a las personas con las que mantengas algo esporádico.

Desactivar tu vida amorosa te liberará de distracciones, porque esas conversaciones juguetonas, ambiguas o sin futuro con personas que no son adecuadas (ni lo serán) para ti son solo ruido. Obstruyen tu visión y contaminan tu espacio. Es como si

---

1. Durante este periodo, si de repente surge una cita y crees que la persona se alinea con lo que buscas y te parece interesante, acepta la cita y confía en ti misma.

te aplicaras VapoRub: tomarte este tiempo para desactivar tu vida amorosa te permitirá respirar con facilidad.

Si te preocupa desaparecer de la noche a la mañana, puedes enviar un mensaje como este: «Hola, necesito tomarme un respiro de esto de las citas, así que estaré desconectada durante el próximo mes o algo así. Solo quería que lo supieras». Listo. Enviar. Si quieres llevarlo aún más lejos, con todo el cariño del mundo, puedes bloquear sus números. Si no sois amigos cercanos (¡solo amistades saludables, por favor!) o no estás compartiendo la crianza con un ex, bloquea su número y elimina el chat. Date espacio. *Tú* eres la *única* persona que controla quién puede ponerse en contacto contigo.

Las personas adecuadas estarán al otro lado, esperando a que aparezcas cuando tú decidas hacerlo.

Paso dos: Haz un *detox* de consejos ajenos

Es momento de convertirte en la experta de tu propia vida sentimental. Deja de buscar opiniones sobre tus citas de personas que no son tú.[2] El camino de la madre de la compañera de trabajo de tu amiga no es el mismo que el tuyo. Estás viviendo tu propio viaje, y el ritmo tiene que ser adecuado para *ti*. Pon un límite a cualquier persona que te ofrezca consejos sobre citas sin que se los hayas pedido.

Si tu madre, tu compañera de trabajo o tu amiga quieren hablar de tu vida amorosa,[3] puedes decirles: «Estoy trabajando en ello, y lo tengo controlado. Hablemos de otra cosa».

Deja de hablar de citas con todas ellas. Esto también incluye dejar de hablar con tus amigos, familiares o compañeros sobre lo «malo» o «inexistente» que es el tema de las citas pues eso te mantiene en un círculo negativo que no sirve de nada. Si surge

---

2. La única excepción a esta regla soy yo, *¡o un terapeuta o coach en quien confíes!*

3. Siéntete libre de hablar sobre tu proceso con este libro con personas de confianza si realmente lo deseas, pero no te sientas obligada.

el tema mientras disfrutas de unas margaritas durante tu *detox* de citas, puedes decir algo como: «Me estoy tomando un descanso reparador de mi vida amorosa, e intento no hablar negativamente de ello durante un mes».

Paso tres: Haz un *detox* de preocuparte por las citas

Este es el paso más difícil. Primero debes tomar consciencia de las preocupaciones que te rondan por la cabeza acerca de tu vida amorosa. Puede que las conozcas muy bien, o quizá estén ocultas y las hayas ignorado durante años.

Es hora de sacarlas a la luz. Anota todas tus inquietudes sobre citas en un diario. ¿Cuál es el peor escenario posible? ¿Qué es lo que temes que pase o que no pase? La próxima vez que una preocupación aparezca, dile «¡Hola!». No intentes ignorarla. Eso solo la hará crecer y asustarte todavía más. Sé una observadora compasiva de tu mente. Cuando te notes preocupada, puedes decir lo siguiente:

> «Sé que estás pensando _______. Es un pensamiento, no un hecho. Puedo volver a elegir. Elijo creer que…».
>
> «Estoy aprendiendo a atraer el amor».
>
> «Soy digna de confianza».
>
> «Tengo pensamientos típicos de un ser humano y eso está bien. Estoy aprendiendo una nueva manera de tener citas».
>
> «Quizá no sea imposible que aquello destinado para mí llegue tarde o temprano».

Usa las palabras que creas más útiles y auténticas.

Pégalas a la pantalla de tu ordenador o en una nota en el espejo. Recuérdate esta verdad a menudo y en voz alta.

DEBERES PARA EMPEZAR A LIARLA:
Diario del *Detox* de citas

Cada día durante el próximo mes, quiero que te tomes un momento para ver cómo te sientes con este *detox* de citas. Aunque solo sea una oración, escribe lo que te venga a la mente, ya sea entusiasmo, miedo o las dos cosas.

No te preocupes por hacer esto (o cualquier otra tarea de este libro) a la «perfección». El perfeccionismo solo te llevará a estancarte, por eso he decidido llamar a esta sección «Deberes para empezar a liarla». El objetivo es dar un paso adelante, aunque sea imperfecto y caótico, con cada capítulo.

Sé que la idea de «liarla» puede sonar un poco negativa y dramática, como una noche de borrachera mandando mensajes a tu ex. Pero ahí, en el fondo, hay una mujer valiente, con necesidades, que está defendiendo lo que quiere. Y aunque quizá no quieras mandarle mensajes a tu ex después de haber bebido (sinceramente, te mereces algo mejor), quiero darte permiso para que adoptes una nueva visión de lo que significa «liarla».

Para mí, el hecho de «empezar a liarla» implica abrir las puertas y explorar las emociones que te enseñaron a esconder o reprimir debido a la presión patriarcal. Significa permitirte ser imperfecta, aunque te enseñaran que la perfección es la clave para sobrevivir. Significa ponerte en primer plano en tu vida, en vez de tener que estar siempre complaciendo a los demás. Dicho esto, bajemos al barro y empecemos a liarla con esta tarea. Este Diario del *detox* de citas te permitirá hacer un seguimiento de tu progreso durante la desintoxicación, para que tengas un registro de tu crecimiento y un espacio donde puedas dejar que afloren emociones fuertes. Puedes empezar respondiendo las siguientes preguntas:

- ¿Cómo me va a ayudar este *detox* de citas?
- ¿Qué permiso necesito darme para sacarle el máximo provecho a este *detox* de citas?
- ¿Cuál será mi plan B cuando este *detox* de citas se ponga (irremediablemente) difícil? Por ejemplo: enviar un mensaje a una amiga para pedir ayuda, mover el cuerpo con alegría, respirar profundo o hacer alguna práctica de autocuidado que te guste.

Sé valiente, deja que tus emociones fluyan y sumérgete. Recuerda, en este proceso no estamos buscando la «perfección». Apuntamos a liarla un poco para poder progresar.

2

Libérate de esa mierda

LOS PATRONES DE TU VIDA AMOROSA TE ESTÁN ATORMENTANDO

Dime si esto te resulta familiar: Después de años intentándolo (y sin dar con la persona adecuada), acudes a una cita que parece prometedora. Te sientas, parece que todo va bien, y decidís volver a veros. No es que te hiciera muchas preguntas, pero era muy guapo y pensaste que podía tener futuro. Seguís viéndoos y os lo pasáis bien juntos. En la primera cita te dijo que quería una relación «con la persona correcta». Lo tomaste como una señal de que *tú* podrías ser esa «persona correcta». Les cuentas a tus amigos (y a ti misma) «¡Esta vez es distinto! ¡Está buscando una relación!»

Te convences de que «todo va en la dirección correcta». Pero, seis meses después, en una fiesta, al llamarle «mi pareja», ves que se encoge y te das cuenta de que realmente no quería una relación. Empiezas a atar cabos recordando las citas anteriores y de repente tienes una revelación: «Vaya, parece que tiene la disponibilidad emocional de una cucharilla. ¿He vuelto a atraer a alguien emocionalmente inaccesible y con fobia al compromiso?».

Por un momento piensas: «Llevo mucho tiempo haciendo terapia. Ya superé ese patrón. La próxima vez, encontraré a alguien diferente». Y entonces, ¡SORPRESA! De la nada, aparece otra persona emocionalmente inaccesible, inmadura, que te hace dudar de ti misma y que solo busca algo superficial para confirmar tus peores miedos.

Otra vez vuelves a escapar, huyes de los fantasmas y espectros de tus relaciones anteriores, deseando no encontrarte con otra persona igual.

Todo parece indicar que estas «verdades» son ciertas: Lo que deseas es imposible. Te quedarás atrapada para siempre en este círculo vicioso de atraer a la gente equivocada. ¡El mundo de las citas es un sinfín de decepciones! ¡Sal de ahí mientras puedas!

Yo era así. Los patrones de mi vida amorosa me hacían sentir como si estuviera corriendo en círculos en una casa embrujada interminable.

Sé que no soy la única. Hice una encuesta entre mi comunidad *online* sobre los patrones que les atormentan en sus vidas amorosas, y estas fueron algunas de las respuestas:

Solo me atraen personas que suponen algún tipo de obstáculo (p. ej., compañeros de trabajo).

Solo me atraen las personas inaccesibles.

Cuando tengo una cita, me preocupa más lo que el otro piense de mí que lo que yo piense del otro.

Siento un miedo constante a mostrarme vulnerable y me pongo mucha presión.

Salgo corriendo cuando la cosa se pone seria.

Me esfuerzo demasiado en las citas porque en realidad estoy suplicando que me quieran.

Atraigo a mujeres que me persiguen, pero cuando les correspondo, se alejan.

Atraigo a gente que solo da lo mínimo y piensa que mis necesidades son «demasiado».

Me siento tan cómoda con mi vida de soltera (en parte como mecanismo de defensa) que evito salir con gente.

Conozco chicos que «en teoría son perfectos», pero nunca siento una conexión o interés real.

En mi caso, los patrones de mi vida amorosa me atormentaron durante lo que pareció una eternidad. Sentía que mi maldición en la vida era atraer a personas que creían que yo era «demasiado intensa».

Este patrón se repitió en cada una de mis interacciones románticas, empezando con Mason.

Mason y yo empezamos a salir cuando tenía dieciséis. Era gracioso, guapo y, lo más importante, estaba muy interesado en mí. Algo a lo que no estaba acostumbrada en absoluto. Sentí como si me hubiera tocado la lotería. ¡ALGUIEN ESTABA INTERESADO EN MÍ! ¡LE GUSTABA DE VERDAD!

Me metí de lleno en su vida, en su grupo de amigos, en sus intereses y en su familia. Me hacía sentir increíble que alguien me hubiera elegido, y más si era un chico. Creí que el hecho de que Mason me hubiera elegido mandaría un mensaje claro en el instituto: «*¡Mirad!* No es tan rara como creímos porque un chico eligió salir con ella». (*cof cof* condicionamiento patriarcal en su máxima expresión).

Mientras esa incipiente relación adolescente se iba desarrollando, la de mis padres se iba desmoronando. Mason fue la primera persona a la que llamé después de que mis padres nos sentaran a mi hermano y a mí para decirnos que se iban a divorciar, por primera vez. (Se volverían a divorciar oficialmente en mis veintitantos, y tener que volver a vivirlo fue horrible).

Mason estuvo conmigo cuando, dos semanas después, mi mejor (y única) amiga me dijo que se mudaba al otro lado del país con su familia. Fue como un pilar para mí cuando, por desgracia, una cucaracha cayó sobre mi hombro desnudo el año en que tuvimos que mudarnos a una casa llena de insectos para evitar la ejecución hipotecaria. Se convirtió en mi salvavidas. Como adolescentes cristianos que vivían en el sur profundo de Estados Unidos y se pasaban el día restregándose, solo podía pensar en una cosa: Nos *vamos* a casar. Yo lo tenía clarísimo.

Admito que respondí con cierta intensidad al amor tan insólito que Mason me ofrecía. Como aquella vez en la que le regalé un cuadro enorme de nosotros dos que había encargado a uno de mis amigos por nuestro primer aniversario. Cuando se lo mostré, me dijo al instante: «Lily, ¿por qué no te lo quedas tú en tu casa?» (¡Qué atrevimiento por su parte no colgar ese cuadro a *tamaño real* en su minúsculo cuarto!)

Y sí, también le escribí un diario de cien páginas enumerando las razones por las que le quería. (Se me ocurrió la idea al ver que alguien lo había hecho como parte de una pedida de mano). Le di ese diario a Mason la noche antes de que se marchara a la universidad. Él miró la portada, ni siquiera lo abrió, y lo guardó en el fondo de su armario. Sentí que mi corazón también se quedó ahí dentro, junto a ese diario sin leer.

Algunas semanas más tarde, después de un año y medio en esta relación adolescente, Mason vino a mi casa y me dijo «Eres demasiado intensa. Voy a romper contigo». Si digo que me rompió en mil pedazos me quedo corta. Ese momento confirmó que todo lo que temía sobre mí era cierto. Interpreté el rechazo de Mason como una señal de que yo era demasiado. Demasiado rara, demasiado intensa y que daba demasiado amor.

Estaba desesperada por demostrarle que se equivocaba, así que me lancé al mundo de las citas intentando (sin éxito) escapar de ese «eres demasiado».

Y así es como terminé de nuevo en la casa embrujada. Mi siguiente beso fue en la universidad, con el único chico que mostró interés en mí en cuatro años. (Esa también parecía ser mi maldición. «¡Las oportunidades *se reducen* cuando eres muy intensa!»).

Pasamos horas hablando, coqueteamos a toda máquina, y terminamos besándonos en su minúscula habitación de la residencia. Pensaba: «¡Yupi! ¡Le gustas a un chico! ¡Tenéis una conexión! ¿Podría convertirse en algo más?» Al día siguiente, me confesó que tenía novia y que le había sido infiel conmigo. Mierda.

Años después apareció Jack. En ese entonces yo vivía en San Francisco, donde tuve mi primer trabajo después de graduarme de la universidad. Mi amiga Jessie me invitó a una cata de vinos en un viñedo de Napa (¡planazo!), y acepté encantada. El compañero de piso de Jessie iba a ser el conductor.

Ahí es donde entra Jack. Me gustó desde el primer momento. Era mayor, del sur, súper inteligente y gracioso (¡¿igual que yo?!). Desde el primer momento hubo coqueteo y diversión. Y, MIENTRAS TANTO, BEBÍAMOS VINO ¿QUÉ TAL? Pensé: «Espera. ¡¿Acaso esto es un sueño?!»

Cuando volvimos a la ciudad, la conversación siguió fluyendo. Me invitó a salir ese mismo domingo y acabamos besándonos en su cocina. *Fue increíble.*

Y todo apuntaba a que *finalmente estaba sucediendo.*

Debí haber sospechado algo cuando Jack adelantó tres horas nuestra cita de *brunch*. La cita era a las 8 a. m. Me levanté a las 6, tardé una hora en arreglarme y llegué quince minutos antes. Él apareció diez minutos tarde, sin una sonrisa ni un abrazo, se puso en la cola conmigo y pidió un café solo para él. Yo pedí uno para mí. De inmediato dejó claro que íbamos a pagar por separado (cosa que no me importó), pero me resultó raro que lo anunciara en voz alta a la camarera.

Nos sentamos afuera y enseguida me soltó: «No puedo empezar a salir contigo. Acabo de salir de una relación larga. Eres genial y lo de la otra noche estuvo bien, pero no eres para mí».

¿QUÉ DEMONIOS?

¿Cómo es posible que siempre atrajese a hombres que me rechazaban casi de inmediato? Y luego, cuando llegaba a tener una relación, rompían conmigo diciendo que era «demasiado». Sentía que este patrón era culpa mía. Era como una pesadilla repitiéndose en bucle, tipo *El día de la marmota*, que estaba condenada a vivir una y otra vez.

Creía que, para romper este patrón, tenía que «dejar de ser demasiado». Dejar de pedir tanto, ser «más relajada» (léase como: «No pidas lo que quieres, no queda bien»). Escapar de mi «intensidad» era, según yo, lo que me protegería de volver a caer en esa situación.

Pensé que las cosas cambiarían con Dylan, mi relación que, como sabes por el capítulo anterior, terminó siendo un infierno espantoso. Sin embargo, al principio, todo era completamente distinto. A él le gustaba mi gran personalidad. Le gustaba que fuera una persona apasionada, que tomara la iniciativa y que fuera un poco mandona. Creía que por fin había dejado atrás la historia de «atraes a personas que piensan que eres demasiado intensa».

Pero después volví al círculo vicioso de la casa embrujada, una y otra vez. Me perdí a mí misma y dejé mis necesidades de lado por esta relación. Había interiorizado la creencia de que era demasiado intensa y que por eso merecía las migajas de amor y aceptación que me ofrecieran. Pensé que, para ponerle fin a este patrón, tendría que rebajar mis expectativas. Creía que estar en una relación probaba que era una persona valiosa (un mito que el patriarcado insiste en vendernos como verdad), así que me esforzaba *al máximo*.

Después de que todo explotara y terminara con Dylan, supe que algo tenía que cambiar. Estaba harta de huir de los fantasmas que me acosaban en esa casa embrujada, que se burlaban de mí por estar sola y por ser «demasiado intensa».

Mi sistema nervioso estaba hecho polvo tras pasar tantas noches en vela, preguntándome si realmente era «demasiado intensa» como para tener una relación real y para el amor romántico. Después de años repitiendo este patrón, comprendí que no podía seguir huyendo. Disminuir mis expectativas y pedir menos no iba a solucionar nada.

Para que desaparecieran de una vez por todas, tenía que encender la luz.

ENCENDER LA LUZ

Sentía que los patrones de mi vida amorosa iban más allá de una cita cualquiera. Necesitaba atacarlos de raíz para poder entender cómo evitar enredarme de nuevo en una situación así.

Me puse mi mejor atuendo de exploradora y me convertí en Nicolas Cage en *La búsqueda*, obsesionada con descifrar mis patrones. Estaba dispuesta a llegar al fondo de la cuestión y encontrarlos. Así fue como desarrollé el Detector de Patrones.

Me sumergí en el pasado de mi vida amorosa. No solo hasta la primera cita, sino hasta la primera vez que alguien me habló sobre el amor romántico. El primer flechazo. El primer rechazo. Y descubrí lo siguiente:

El patrón de que soy «demasiado intensa» comenzó en primer curso. Estaba sentada en la mesa del comedor, con las chicas, y un compañero de clase llamado Will estaba sentado con los chicos. Will me miró y gritó: «Lily, ¿quieres salir conmigo?» Entonces, todos los chicos empezaron a reírse a carcajadas. Luego, uno de sus amigos le dio cinco dólares. Se rieron de mí y dijeron: «¡Era una broma! Me han pagado por hacerlo. ¿De verdad crees que saldría contigo?» Ahí nació la idea de que yo era alguien sobre quien bromear, pero no alguien a quien invitar a salir.

Luego, esa creencia se reforzó en casa. Cuando tenía doce años, mi madre me dijo que «me costaría encontrar un marido porque era demasiado intensa». Eso me sentó como una sentencia a la soledad infinita.

Después, llegó mi gran amor platónico: Connor. En este punto de mi búsqueda de patrones, la banda sonora de Hans

Zimmer alcanza el clímax, la tensión es palpable, y estamos cerca de llegar a la raíz…

Estábamos en sexto de primaria y las hormonas estaban a tope. Recuerdo mirar al cielo desde mi jardín en una tarde de miércoles y pensar: «¿En qué estará pensando Connor?»

Me obsesionaba su precioso pelo rubio, su altura y ese aire de «chico guay» que tenía. Era muy popular. Y yo, definitivamente, no. Mientras él recibía cumplidos por sus Nike Shox (agotadas en todas partes), a mí me tiraban los libros al baño de chicos antes de clase.

Hasta que un día, nuestra profesora nos cambió a todos de sitio para la clase de sexto. ADIVINA QUIÉN TERMINÓ SENTADO A MI LADO. Sí, Connor.

Era mi oportunidad. Tenía que *enamorarse* de mí y ver lo guay que yo podía ser. Pero lo cierto es que siempre me ha costado quedarme callada. Así que, inevitablemente, mi lado de empollona nada guay al mejor estilo Hermione Granger salió a la luz.

Otra cosa nada guay en mi vida de aquella época era la cantidad de sudor y bacterias que solían estar de fiesta en mis axilas. Para colmo, mi madre insistía en comprarme el desodorante natural de *Tom's of Maine*, que en ese momento solo añadía un toque de pachuli a mi olor corporal. En todo caso, lo único que hacía era intensificar mi mal olor, algo que no había notado hasta un fatídico miércoles en clase.

En sexto, teníamos Educación Física a media mañana (un verdadero crimen), y después de cambiarnos tras jugar a algún deporte en el que, como siempre, era pésima, volví a clase para sentarme junto a mi gran amor. Estaba escribiendo en mi cuaderno cuando me giré hacia Connor. Toda la clase estaba mirándonos, lo cual fue algo confuso al principio, hasta que lo miré a él. Sin decir nada, estaba agitándose la mano delante de la cara con una expresión de asco. Una expresión que decía: «Esta tía huele fatal».

Una fría oleada de vergüenza me recorrió el cuerpo. Me quedé paralizada. Agaché la cabeza, me giré hacia Connor y le dije: «Connor, ¿crees que huelo mal?»

Él, impactado porque lo había pillado y tan avergonzado que ni me miraba, dijo: «sí».

Lo único que atiné a decir fue «ah, vale», y me quedé allí sentada, envuelta en mi olor vergonzoso mientras toda la clase me observaba.

Unas semanas después, vi que el grupo de chicos populares había traído desodorante Axe a clase (otro crimen). Por si no lo sabías (en cuyo caso, tienes suerte), Axe es un producto que usaban casi exclusivamente chicos de doce años en los 2000 y cuyo olor, violento y desagradable, solo puede describirse como «pestilente». He dicho.

Cuando la profesora se dio la vuelta, se lo echaron a otra chica de la clase a la que también consideraban «apestosa». Sin que se diera cuenta, le rociaron Axe por todas partes y en sus libros de texto. Me dio mucha pena. Una hora después, me di cuenta de que yo también olía a Axe. Me habían empapado con ese perfume fétido y empalagoso.

Después de ese incidente, mi yo de trece años quedó devastada emocionalmente, sabiendo que, al parecer, mi gran amor creía que yo era repulsiva, *por no hablar*, del terror que me producía tener mal olor. Empecé a reservar mi paga para comprar desodorante de «fuerza clínica» en la tienda. El aluminio me daba igual: *lo importante era no oler mal.* Iba al baño al menos dos veces por clase, olía mis axilas de manera compulsiva para asegurarme de que no olieran mal y no tener que volver a pasar por otra humillación frente a toda la clase.

Estos momentos traumáticos derivaron en ciertas tendencias obsesivo-compulsivas. Cuando salíamos de excursión, le suplicaba a un adulto que me confirmara que no estaba desprendiendo mal olor. Cuando por fin hice una buena amiga al año siguiente, en séptimo, la convencí para que viniera conmigo al baño antes de cada clase y verificara (una y otra vez) que no olía mal.

Sí, era muchísimo con lo que lidiar.

Ahora, como adulta que lleva años en haciendo terapia, sé que mi cerebro organizó estas experiencias de una forma que *definió* mi identidad y lo que yo creía que era posible para mí. Para protegerme de futuros rechazos, se formó una creencia: yo era la chica que olía mal. La que siempre sería «demasiado».

¡BUM! Ahí está.

Me di cuenta de que el patrón de atraer a hombres que me consideraban «demasiado intensa», que no estaban listos para un compromiso, tenía todo que ver con esas creencias polvorientas y oxidadas que se escondían debajo de la superficie.

PON A PRUEBA TUS CREENCIAS POLVORIENTAS Y OXIDADAS

No solo atraía a hombres que creían que era «demasiado intensa». Yo también lo *creía* y, por lo tanto, me veía incapaz de experimentar el amor verdadero y encontrar mi lugar.

Los patrones son tan fuertes como esas creencias polvorientas y oxidadas que los sostienen (básicamente, el intento inútil y desesperado de tu cerebro de evitarte rechazo y sufrimiento en el futuro). Intentar arreglar los patrones de tu vida amorosa sin trabajar en esas creencias polvorientas y oxidadas es como pintar una casa cuyos cimientos se están derrumbando.

En lugar de cuestionar la historia en sí, la convertí en el centro de mi búsqueda amorosa, y por eso solo atraía personas que creían que era «demasiado intensa». Así, los cimientos empezaron a tambalearse.

Brené Brown tenía razón: «Las historias más poderosas suelen ser las que nos contamos a nosotros mismos. Y, por lo general, suelen ser ficticias».

Así es como surgen las creencias más duras, polvorientas y oxidadas de nuestra vida amorosa: nuestro cerebro es un narrador experto que quiere tener razón para protegernos, y por eso intenta adelantarse a futuros amores y potenciales citas como Connor. Después, busca la confirmación de esa historia con tal de mantenernos en una zona segura y conocida. Si yo creía que era demasiado intensa, entonces no me harían tanto daño, ¿verdad?

Con el fin de protegerme adecuadamente, mi cerebro activaba el sesgo de confirmación. En mi caso, empecé a ver y atraer a personas emocionalmente no disponibles y a tener relaciones amorosas sin compromisos formales *constantemente*, lo cual reforzaba el patrón original, reafirmaba la creencia polvorienta y oxidada de que «soy demasiado intensa» y le daba más peso.

La historia familiar también puede alimentar esas creencias polvorientas y oxidadas. A lo largo de la historia ha habido varias generaciones de mujeres que han tenido que conformarse en el amor para sobrevivir. La supervivencia económica y la aceptación social han estado, y en algunos casos aún están, intrínsecamente vinculadas a tener una pareja masculina cisgénero reconocida legalmente.

Este trauma generacional se hizo más claro que nunca cuando le pregunté a mi madre por qué me había dicho a los doce años que «era demasiado intensa y que me costaría encontrar un marido». Su respuesta fue: «A mí me lo dijo un familiar cuando yo tenía doce años». Así fue como me transmitió ese comentario. Ella creía que era una herramienta útil para sobrevivir en este infierno patriarcal.

Hola, echarle leña al fuego.

La mayoría de la gente (yo incluida, antes de hacer todo este trabajo) tiene el ático lleno de este tipo de creencias polvorientas y oxidadas (pensamientos que has tenido millones de veces) sobre nosotras y sobre lo que es posible en nuestra vida amorosa, lo que nos convierte en una especie de acaparadoras compulsivas de creencias.

Estas pueden sonar como:

«Lo que yo quiero no existe».

«Soy una persona muy ambiciosa y eso aleja a las personas que me atraen».

«No soy lo suficientemente delgada, bonita, ni tranquila como para tener una relación conmigo».

«Mis amigos han encontrado el amor mucho más fácilmente que yo, así que el problema tiene que ser mío».

Cuando estos pensamientos instintivos parecen ciertos, suelen provocar un cóctel de pánico y ansiedad en quien los padece. Esto conduce a nuestro sistema nervioso a un festival de lucha, huida, parálisis o complacencia para evitar el rechazo. Nuestro cerebro teme al rechazo como a la muerte. En la época de nuestros ancestros cavernícolas, el rechazo significaba ser expulsado de la cueva y literalmente *morir* expuesto a los elementos. Así que, si tratamos estos pensamientos como si fueran ciertos, nuestro sistema nervioso los interpreta *al pie de la letra*.

Mi cerebro intelectual y feminista escuchaba estas creencias polvorientas y oxidadas y contraatacaba con firmeza: «A la mierda. No necesitas a un hombre. No necesitas tener citas. Eres una persona plena, así que no te preocupes...»

El vaivén constante entre estas dos ideas (conocido como disonancia cognitiva) me estaba drenando.

Aunque mi parte feminista tenía razón (yo era suficiente tal y como estaba y no necesitaba una relación romántica para sentirme completa) esos pensamientos tan opuestos no me ayudaban a corregir las creencias polvorientas y oxidadas originales. Me quedé atascada en ese ida y vuelta.

Al cerebro no le gusta equivocarse. Es como esas madres helicóptero que, si bien tienen buenas intenciones, al intentar proteger a su hijo a toda costa lo único que consiguen es dejarlo atrapado en una burbuja artificial.

No quiero ponerme en plan místico, pero tus pensamientos tienen un poder enorme a la hora de crear tu realidad. Cuando piensas: «Voy a morir sola», tu cuerpo reacciona de manera emocional. Esas emociones pueden estar asociadas a la vergüenza, porque sientes que estás quedándote atrás, o a la autocrítica. Quizá decides pasar la mayor parte del día en la cama. O tal vez recuperas algo de energía y te lanzas hacia un sinfín de citas para intentar demostrarte que esa idea no es cierta. Pero, al día siguiente, vuelves al mismo ciclo de pensamientos, emociones y acciones. No importa cuánto te esfuerces en conseguir algo distinto; el patrón sigue ahí si no abordas la creencia de fondo.

Esas creencias son como ese viejo jersey lleno de agujeros que llevas una década guardando en el fondo del armario. Durante años, solo ha estado acumulando polvo y ocupando un espacio que podría usarse para algo mejor. Hasta que, un sábado cualquiera de octubre, te pones a hacer limpieza general, lo encuentras y se te ocurren diez razones para no tirarlo. Ese viejo amasijo de lana naranja guarda un recuerdo. Te quedaba genial en su momento, envolvía a una versión más joven de ti. Pero, en realidad, ahora mismo, te está limitando.

A medida que vayas avanzando con este libro, vas a querer hacer una limpieza profunda de ese armario. Vamos a llenarlo de nuevas piezas bonitas y llenas de poder que representen a la *nueva* versión segura, empoderada y única de ti.

Antes de seguir profundizando, hay algo que debo advertirte. Hay una gran diferencia entre los hechos y las historias que te cuentas. En la Tierra, el cielo es azul. El agua moja. El racismo, el capacitismo, la homofobia, la transfobia y la gordofobia existen, y hacen que el mundo de las citas sea mucho más complicado para quienes los padecen que para quienes tienen privilegios por ser blancos, sin discapacidades o de aspecto heterosexual. Eso son HECHOS.

Así que, si formas parte de una minoría, *no quiero* hacerte creer que el único problema es la historia que te cuentas. Es mucho más complejo.

Este proceso consiste en aprender a identificar lo que *sí está* bajo tu control. Se trata de descubrir qué pensamientos e historias *están* perpetuando tus patrones y frenándote a la hora de priorizarte en tu experiencia con el mundo de las citas. Vas a aprender a poner *tus* necesidades en primer lugar, a no conformarte y a confiar en que tu cuerpo te guiará hacia lo mejor para ti.

Entonces, ¿cómo puedes dejar de creer en esos pensamientos polvorientos, oxidados, obsoletos, heredados y sobreprotectores que actúan como una madre helicóptero en tu vida?

LIBÉRATE DE ESA MIERDA

Sanar tus patrones significa liberar y reescribir esas creencias polvorientas y oxidadas que ya no te sirven. Significa crear un espacio seguro en tu cuerpo para procesar todo lo que haya quedado de tu pasado amoroso y sanar el legado de conformismo que se te ha transmitido.

Lo que crees sobre ti y tu vida amorosa lo es todo para romper esos patrones.

Deja que te ponga un ejemplo. Danielle es una tía con mucha garra que trabaja en el área de educación. Cuando nos conocimos, acababa de romper con una pareja tóxica y abusiva a nivel emocional.

Su terapeuta le recomendó que hablara conmigo, así que concertamos una llamada. La primera vez que hablamos, estaba sentada en su coche tras un día de trabajo duro, mientras afuera una lluvia fría caía con fuerza. Por cursi que parezca, el clima reflejaba a la perfección los sentimientos de tristeza que albergaba.

Le aterraba repetir el patrón de enamorarse de alguien totalmente inadecuado para ella. Después de tanto tiempo aguantando las manipulaciones de su pareja, sentía que no podía confiar en sus decisiones en el amor. Le avergonzaba haber estado tanto tiempo con la persona equivocada. Le daba miedo confiar en sí misma.

Entonces, como respuesta, su cerebro feminista y perfeccionista se ponía a la defensiva y me decía: «¡Son preocupaciones tontas! No debería preocuparme por esto. Ya debería tenerlo claro. ¡Sé que puedo!» Su mente oscilaba como un balancín entre estos dos extremos.

Para Danielle, la historia polvorienta y oxidada que vivía bajo la superficie y se contaba instintivamente era esta: «No puedo confiar en mí misma. Lo que quiero no es posible».

Era hora de sanar y reescribir esa historia.

Aquí es donde sucede la magia.

El primer paso para sanar esa mierda *no* es usar la positividad tóxica como vía de escape de los viejos patrones y pensamientos instintivos. La positividad tóxica suena más o menos así: «¡La próxima vez será mejor! ¡TODO VA BIEN!» (Inserte una sonrisa forzada aquí).

La positividad tóxica es como una tirita de mala calidad. Se despega en cuanto te sumerges en agua caliente.

La respuesta tampoco es meter esos pensamientos instintivos en el armario con la esperanza de que desaparezcan cuando tengas una relación. (Advertencia: Tus pensamientos instintivos y tus viejos mecanismos de supervivencia te *seguirán* en esa relación. Así que mejor empieza a reescribirlos desde ya).

Estamos aquí para encontrar la solución más adecuada. Estas son las dos herramientas que le enseñé a Danielle para romper su patrón *y* reescribir su creencia:

1. Mostrar autocompasión.
2. Ir reformulando poquito a poco.

Mostrar autocompasión

A muchas de nosotras, mujeres ambiciosas de éxito, nos enseñaron a sobrevivir siendo sobresalientes en todo. Esta necesidad de actuar así se exacerba aún más en aquellas pertenecientes a minorías. Y si las citas te parecen el único aspecto en el que no tienes ni idea de lo que estás haciendo, puede que respondas con un autorreproche brutal.

Un estudio de la Universidad de Stanford de 2014 arrojó que «la autocrítica nos hace más débiles frente al fracaso, más emocionales y menos capaces de aprender de nuestros errores». Los sentimientos de culpa suelen aparecer y frenarnos cuando nos enfrentamos a nuestros viejos patrones.

El patriarcado capitalista nos ha inculcado que el esfuerzo desmedido, el perfeccionismo, los logros y seguir siempre hacia adelante representan la solución. Nos han hecho creer que tratarnos con delicadeza, ternura y tranquilidad nos hace débiles. Y eso no es así.

La Dra. Kristin Neff, experta en autocompasión, célebre ponente de charlas TED y autora de varios libros, dice: «Lejos de juzgarte y criticarte despiadadamente... la autocompasión implica ser amable y comprensiva cuando te enfrentas a tus propios fracasos. Al fin y al cabo, ¿quién ha dicho que tengas que ser perfecto?»

Según ese mismo estudio de Stanford, mostrar autocompasión fomenta la resiliencia (en otras palabras, te impulsa a lanzarte y encontrar la *mejor* relación de tu vida) y reduce el estrés (o sea, sientes mucha más alegría durante el proceso).

La autocompasión es como esa amiga que se sienta contigo en un banco del parque y siempre tiene una palabra reconfortantes para ti.

Mostrar autocompasión implica hacer estas tres cosas:

1. **Plantear un «por supuesto» amable y realista.** Date el beneficio de tu contexto. «Por supuesto que me cuesta lidiar con esta creencia polvorienta y oxidada. Siento cómo la vergüenza crece en mi interior como lava caliente, y no es nada agradable. Por supuesto que he tenido problemas con este patrón. Siempre me han enseñado que querer lo que quiero es egoísta».
2. **Aceptar pensamientos difíciles.** Practicar *mindfulness* no tiene por qué ser una meditación de diez minutos. Practicar *mindfulness* puede ser notar que una creencia polvorienta y oxidada está emergiendo en tu mente. Puedes decir: «Vaya, acabo de pensar que "a estas alturas debería tener pareja y que estar soltera es culpa mía"». Es solo un pensamiento, no un hecho, y puedes recordártelo. No tienes que identificarte con ese pensamiento como si fuera la «verdad». Es solo un mecanismo de defensa pasajero, y estás aprendiendo a sentirte segura sin él. Esto es analizar tu cerebro de forma bienintencionada, en lugar de lanzar una crítica severa y malhumorada.
3. **Reconocer que no estás sola.** Hay, literalmente, millones de personas en este mundo que comparten estos pensamientos y sentimientos difíciles de narices. La idea no es desmerecer tu experiencia, sino recordarte que perteneces a un colectivo. No estás sola.

Para tratarte con compasión, puedes utilizar las sugerencias de esta sección para escribirte una carta de autocompasión o recitar en voz alta uno de tus mantras de autocompasión favoritos. Cuando noto que soy dura conmigo misma, uno de mis mantras favoritos es decir en voz alta: «Estoy aquí para ti y te quiero sin importar lo que sientas, pienses o hagas».

La autocompasión te da la seguridad emocional que necesitas para pasar al segundo paso (muy importante), que es reescribir esa mierda.

Ir reformulando poquito a poco

Después de aliviar tu ansiedad y estrés al tratarte con compasión, estarás lista para empezar a construir un nuevo camino neuronal (o patrón de pensamiento) que realmente te apoye en lo que quieres y te infunda esperanza. Estos nuevos pensamientos y creencias te darán el impulso para actuar con valentía y atraer una relación increíble.

¿Por qué dichos pensamientos positivos no funcionaban antes? Porque intentabas saltar directamente al pensamiento positivo sin pasar por los pequeños pasos necesarios para llegar allí. Es como apuntarse al gimnasio y tratar de levantar doscientos kilos el primer día. No funciona así. Tu cuerpo diría algo como: «¿Qué cojones está pasando?». Lo mismo sucede con tu cerebro. Para formar creencias nuevas es necesario avanzar poco a poco y practicar.

Construir un camino nuevo, especialmente uno que refuerce tu valor y realmente ayude a crear un tipo de patrón que atraiga a personas increíbles, requiere constancia. La única manera es paso a paso.

Me gusta decir que este proceso es un despliegue sin prisas. Por lento que vayas, mientras no lo dejes, estará bien.

Para Danielle, esos pequeños pasos consistieron en abandonar sus viejas creencias: «¡El problema de mi vida amorosa soy yo! ¡Siempre estoy un paso por detrás de las personas que ya tienen pareja!» (que había desarrollado tras años de relaciones inadecuadas), y empezar a tratarse con compasión. Entonces, empezó a preguntarse: «¿Qué otra cosa podría ser cierta?» Para construir una nueva creencia y un nuevo camino mental, tenía que avanzar poquito a poco. Los pensamientos positivos exagerados como «¡Todo va a ir bien! ¡Seguro que encontrarás a alguien!» no le parecían convincentes. Por eso, no presionamos a su cerebro para que llegara a esa conclusión. En lugar de eso, ideamos algunos pequeños pensamientos iniciales. Esto fue lo que se nos ocurrió:

«Tal vez no sea del todo imposible que yo aprenda a confiar en mí misma».

«Estoy tratando de ganar seguridad».

«Tal vez tenga que ir a mi propio ritmo».

«Quizá todavía no he conocido a la persona indicada».

La meta es empezar con estos pequeños pensamientos y, cuando empieces a sentir que son ciertos, quiere decir que estás en el camino que te llevará a la creencia deseada (es decir: «voy a encontrar a la pareja adecuada, es un hecho insoslayable»).

Danielle dio sus primeros pasos con esos pensamientos y luego empezó a ponerlos en práctica con mayor intensidad. Los escribió en post-its que pegó por toda la casa. Los convirtió en su fondo de pantalla del móvil. Y, a menudo, los repetía en voz alta.

Y cuando, inevitablemente, su cerebro le lanzaba los viejos pensamientos de siempre: «¡Vas muchos pasos por detrás! ¡Es tu culpa que estés soltera! ¡No se puede confiar en ti!», practicaba la autocompasión y respondía: «Esto es solo un pensamiento negativo». Así, poquito a poco, intentaba cambiar de perspectiva.

Lo mejor de este proceso es que, con el tiempo, tu cerebro se va acostumbrando a crear, de una forma más suave y segura, una creencia nueva sobre ti misma y tus posibilidades. Porque, después de que Danielle pronunciara el pensamiento de «tal vez tenga que ir a mi propio ritmo», en voz alta y en repetidas ocasiones, ese pensamiento finalmente se convirtió en algo *obvio para ella.* Ese fue el pie que necesitaba para empezar a dar un paso más hacia: *«Sí. Tengo que ir a mi propio ritmo».*

Después de hacer esto durante alrededor de un mes, Danielle se sintió segura para intentar cosas nuevas y ser valiente en su vida amorosa. Definió sus Preferencias alineadas con la esencia (de las que hablaremos en el capítulo 4) con total libertad. Danielle empezó a pedir exactamente lo que necesitaba. Sentía que estas herramientas le daban la seguridad que necesitaba para empezar a tener citas, y ya no se paralizaba ante el miedo de volver a conformarse con menos. Sabía que podía contar consigo misma.

Y fue entonces cuando Danielle conoció al amor de su vida, Bryan. Bryan fue esa persona que le brindó afecto, constante y compasivo. Esto era algo que Danielle y su sistema nervioso podían aceptar y recibir sin problemas.

En mi caso, este ir poquito a poco en mi proceso de reformulación significó reescribir por completo la historia de «soy demasiado intensa» y, de esta forma, eliminar el patrón de atraer a hombres inaccesibles a nivel emocional.

El primer pensamiento que tuve fue: Tal vez una persona que crea que soy «demasiado intensa» no tenga lugar en mi vida amorosa.

Pronunciar esta pequeña reflexión varias veces en voz alta, como cuando me sentía sola, abrumada, o me refugiaba en el baño durante una cita horrible, empezó a dar lugar a un nuevo camino mental.

Luego di un paso más y empecé a trabajar en esto: Si creen que soy demasiado intensa, entonces no son suficiente para mí.

¡BUM!

Nuevo camino mental activado. Con esto pude crear un nuevo patrón, y así establecer más límites con las personas que no eran adecuadas para mí. Me sentaba genial poder pedir lo que quería, decirlo en voz alta y de forma frecuente. Para mí el éxito fue saberme libre, poder trazar mis límites y sentirme feliz en todos los aspectos de mi vida amorosa. Y la guinda del pastel fue conocer a mi esposo, Chris.

Ahora te toca a ti. Manos a la obra.

TAREA PARA EMPEZAR A LIARLA: Diario para liberarte de tus patrones

Durante los próximos siete días, te invito a embarcarte en una misión para identificar tus patrones. Haz este ejercicio en tu diario y anota tus avances. Hazte las siguientes preguntas:

- ¿Qué patrones de mi vida amorosa quiero reescribir?
- ¿Qué experiencia o experiencias originaron este patrón?
- ¿Cuáles son esas creencias polvorientas y oxidadas que viven debajo de la superficie?
- ¿A qué conclusión podría llegar a través de la la autocompasión?
- ¿Qué otra cosa podría ser cierta? ¿Cuáles son los primeros pasos que puedo dar en mi proceso de reformulación?

Recuerda, empieza a moverte y hazlo, aunque no sea perfecto. Permítetelo todo, haz lugar a tus sentimientos y sé tu propio apoyo. Esa energía amorosa, caótica y auténtica es la que da resultados, así que adelante.

3

La revolución de presumir sin pudor

Tal vez te hayan enseñado que presumir está mal. Que eso es de engreídas y vanidosas. Que es el equivalente a esos tiburones de las finanzas que hablan sin parar de las ganancias de su cartera de acciones del año pasado. ¡A nadie le importa, Dan!

Esa «bravuconería entre colegas» es pura palabrería hueca, diseñada para que quien presume se sienta grande y los demás se sientan pequeños. Es un síntoma del patriarcado capitalista jerárquico, donde se mide el valor personal en función de la cuenta bancaria. Es una tontería, y por supuesto que no tiene nada que ver con lo que te estoy proponiendo.

Yo hablo de presumir sin pudor, una herramienta para abordar un problema muy real. A nosotras, como mujeres, no nos enseñaron a ponernos en primer lugar, a centrarnos en nuestras necesidades, deseos y placer, especialmente en el ámbito amoroso. Esto se debe a las múltiples fuerzas opresivas con las que te educan para que mantengas un perfil bajo, para que pidas menos, reduzcas tus necesidades y seas «menos intimidante» para ser más atractiva. Y eso también es una tontería.

Es como en mi comedia romántica favorita, *The Holiday*. La resplandeciente y fabulosa Cameron Diaz acaba de tener una noche increíble con el guapísimo Jude Law, y luego empiezan a salir, aunque ella solo estará en Inglaterra una semana más (¡DIOS MÍO!). En una de esas citas, Cameron básicamente le dice: «Sé que te dije que *trabajo* en una empresa, pero en realidad soy la fundadora y CEO. No te lo había dicho porque eso intimida a algunos hombres».

El personaje de Cameron había aprendido, seguramente después de muchas malas experiencias, a esconder sus logros, su trabajo y sus éxitos, porque hacer eso era el precio que debía pagar para establecer una conexión romántica con los hombres. Ese mecanismo de defensa no le sirve a ella y tampoco te sirve a ti.

Esconder tu verdadera grandeza es un billete de ida hacia citas insatisfactorias y relaciones poco estimulantes. No quiero que sigas ocultando tus logros, tu energía arrolladora, tu crecimiento, tu progreso o tu ambición. Presumir es la clave no solo para disfrutar de una vida amorosa plena, sino también para atraer a esa persona que solo encaja contigo.

Presumir sin pudor es incómodo para muchos, pero le cambia la vida a todo aquel que lo practica. ¿Por qué? Cuando cambias el enfoque de tu vida amorosa de «¿Le gustaré a los demás?» a «Este es el motivo exacto por el cual me amo y sé que soy increíble», salir con alguien se convierte en un acto de amor propio y autocuidado.

Presumir sin pudor es un acto revolucionario: es aprender a ocupar tu espacio, saber lo que tienes que ofrecer y compartirlo con orgullo. Este tipo de alarde atrae a las personas adecuadas y repele al resto.

Antes de hablar del «cómo», hablemos de por qué puede que te dieran ganas de lanzar este libro por la ventana cuando dije que deberías empezar a presumir.

Dado que yo crecí en el sur de EE. UU., aprendí desde pequeña a no presumir. Escuchaba cosas como «No presumas, no es propio de una dama. Te hace arrogante» o «Hablar de tus logros intimida y aleja a la gente». Hablar de mis logros parecía un secreto que solo podía compartirse en casa. Mis padres siempre celebraban mis logros y los de mi hermano. Incluso me dieron una medalla de participación por mi primer recital de ballet en primero de primaria (sí, soy toda una milenial).

Sin embargo, en el colegio, en casa de mis amigas y en la iglesia, la cosa era otra. Nunca veía mujeres celebrar sus logros. En esos entornos, «feminismo» también era una palabrota (obviamente, no era casualidad). El único reconocimiento que recibían las mujeres era el día de su boda. El único momento en que una mujer podía presumir era cuando decidía encadenarse… quiero decir, «comprometerse» con un hombre cis y heterosexual.

Como diría Bianca Del Rio: «Hoy no, Satán».

Mi reticencia a presumir se rompió por completo en mi segundo año de universidad. Estudié en Misisipi y decidí unirme a una sororidad. (No iba para nada conmigo, pero estaba desesperada por hacer amigas en un mar de desconocidos). Me aceptaron en una, me uní y me adapté a sus normas y estructuras. Hubo momentos divertidos, como reírme con las veteranas que me adoptaron o liarme con otros miembros en las fiestas formales. (¿He mencionado que aún no sabía que era bisexual? Las señales eran bastante claras…).

Había una ceremonia supersecreta, con más de cien años de historia (no, no bebíamos sangre ni hacíamos sacrificios rituales), que se llamaba «Ceremonia de la vela». (¿Me meteré en problemas con el consejo de la sororidad por poner esto en mi libro? ¡Venid a por mí!). Funcionaba así:

Te llamaban a casa para una reunión urgente. Una vez en reunidas, apagaban las luces. La sala se sumía en un silencio cómplice, colmado de emoción. Se formaba un círculo, y la presidenta encendía una vela. El número de veces que la vela daba la vuelta sin apagarse indicaba qué era lo que se estaba celebrando. ¿Lista para un viaje al pasado?

Una vuelta alrededor del círculo significaba que un chico de una fraternidad te había «marcado con un pin». Te daba su pin de fraternidad como si fuera un anillo de pedida. Dios lo bendiga.

Dos vueltas significaban que alguien se había comprometido. Entonces, esa persona apagaba la vela, la sala estallaba en ensordecedores gritos de alegría, y sus compañeras corrían hacia ella para preguntarle: «¡¿CÓMO FUE?!» Luego, sacaba su anillo de compromiso y contaba toda la historia, rebosante de felicidad.

La primera vez que esto ocurrió fue en mi primer año, y yo estaba en medio de la multitud, aclamando y pidiendo la historia como una más. La tercera vez, ya fui más cautelosa y observé toda la situación desde la segunda fila, sentada junto al resto.

La quinta vez, ni siquiera me senté. Puse mi mejor cara de apoyo y me quedé de pie, al fondo, en plan antropóloga. Fue algo extraño. Observaba los gritos de alegría, las carreras hacia los pies de la comprometida, el «¡cuéntanos cómo fue!», y me sentía cada vez más molesta. No por el compromiso en sí, ni por envidia hacia esas relaciones (para ser sincera, no me atraían demasiado los chicos de mi universidad), sino porque me había dado cuenta de que *este* era el momento más emocionante que vivíamos como grupo. Era la mayor celebración que una mujer en nuestra sororidad recibía. Me parecía raro, incluso erróneo.

Me disgustaba que este grupo de mujeres empoderadas celebrara de forma tan desmesurada el momento en que alguien se comprometía. Claro, había otras celebraciones, pero ninguna se vivía con esta misma euforia desenfrenada.

Mi interpretación antropológica (para nada profesional) de los gritos de júbilo que surgían en la Ceremonia de la vela es la siguiente:

1. El amor romántico es emocionante. Celebrar el amor romántico es divertido.
2. Como éramos un grupo de chicas que acababan de salir del instituto, sentirnos adultas era algo emocionante. Y ¿qué decisión más adulta que casarse?
3. Pero, lo más importante: en especial como mujer del sur, casarte con un hombre cisgénero y heterosexual te da más valor en la sociedad y, a veces, incluso dentro de tu

propia familia. Todas las integrantes del grupo, incluso yo, lo sabíamos, aunque fuera de manera inconsciente.

Este énfasis tan fuerte en la idea del amor romántico heteronormativo como algo que define tu valor como mujer, también fue la razón por la que tardé años en darme cuenta de que no era tan hetero como pensaba y en salir del armario como bisexual. De niña, me gustaban otras chicas, pero me sentía incapaz de hacer algo al respecto. Si miraba a mi alrededor, no veía (en el caso que las hubiera) ejemplos de mujeres con una sexualidad más fluida. Además, crecí en Alabama donde, en la década de los 90 y principios de los 2000, si alguien del colegio se enteraba de que un alumno sentía atracción por una persona del mismo sexo, la exclusión era segura. Vi esa situación repetirse una y otra vez. Y, después de tanto rechazo de los chicos que me gustaban, llegué a dudar de mis propios sentimientos hacia otras personas, en especial hacia las mujeres. Me llevó décadas darme cuenta de que muchas de las mujeres a mi alrededor también eran queer.

La socialización heteronormativa y la homofobia interiorizada que experimenté fueron muy reales. Tuve que sentir una atracción increíblemente fuerte hacia una compañera de mi clase de interpretación cuando me mudé a Nueva York para que mi cabeza asimilara lo que mi corazón ya sabía desde hacía mucho. Salí del armario como bisexual ante mis padres y amigos poco antes de conocer a Chris, mi actual marido.

Ahora, volviendo a la sororidad de Misisipi…

En esa sala había tantas mujeres que admiraba. Más allá de sus compromisos, estaban logrando cosas impresionantes en sus carreras, en sus estudios y en nuestra comunidad. Estaban consiguiendo prácticas y trabajos increíbles y empezando a dilucidar qué querían para su vida. Tenía ganas de aplaudir y correr a sus pies para preguntarles cómo habían conseguido esos puestos de becarias en el Met. Pero también sabía que, cien años antes, cuando nació esta tradición de la vela, las mujeres no tenían muchas opciones fuera del matrimonio. Ansiaba un cambio, un giro simbólico y tangible en la forma en que nos celebrábamos a nosotras mismas y entre nosotras, algo que representara mi visión de lo que significa ser mujer en el siglo XXI.

Así que, después de asistir a la quinta Ceremonia de la vela en cuatro meses, decidí transformar mi frustración en acción y ser la cabeza de un nuevo movimiento. Organicé una campaña informal para crear una nueva tradición que complementara la Ceremonia de la vela y que celebrara otros logros personales y profesionales. Para empezar, les conté mi idea a mis amigas más cercanas de la sororidad. Se mostraron un poco reticentes, pero me dieron algo de apoyo, así que lo tomé como un buen comienzo. Me convertí en algo así como Norma Rae en la cafetería, hablaba con las miembros mayores y conseguí cierto agarre y apoyo (o eso creí).

Mi discurso era algo así como: «En este grupo hay *muchas* mujeres que logran cosas increíbles. ¿Por qué no crear una nueva tradición para celebrarlas igual que hacemos en la Ceremonia de la vela? Sé que a las mujeres, en especial las que viven en el sur, les cuesta celebrarse a sí mismas, así que me ofrezco a dar el primer paso y, además, conozco a otras cinco mujeres que están haciendo cosas impresionantes y desean celebrarlo».

En retrospectiva, me doy cuenta de que ofrecerme a celebrarme a mí misma fue un error importante en mi intento de lanzar esta nueva tradición dentro de una organización centenaria en el Misisipi. Para contextualizar, mi vida había dado un vuelco; acababan de ofrecerme una gran oportunidad para ir a Estambul, Turquía, y escribir un blog sobre un congreso internacional de derechos de la mujer. Joder, ¡claro que quería celebrarlo! Esto después sería utilizado en mi contra por las autoridades de la sororidad. ¿Cómo se atreve una mujer a querer celebrarse a sí misma? ¡Todo tiene que ser para los demás!

Estaba en mi coche, camino del aeropuerto rumbo a Estambul, cuando me llamó la presidenta.

—¿Puedes hablar? —dijo con voz tierna y edulcorada.

—Claro. ¿Qué hay? —respondí ingenuamente.

—Algunas de las chicas de la sororidad me han contado que quieres iniciar una nueva tradición de la Ceremonia de la vela para celebrar logros profesionales. Lily, eso jamás ocurrirá. Esta es una organización con cien años de historia, y esa tradición no va a cambiar. ¿Sabías que el matrimonio es un sacramento en mi religión? Los logros profesionales, obviamente, no son tan importantes como decidir casarse con alguien. Además, ¿te pusiste a pensar en cómo tu idea podría herir a las mujeres que están comprometidas y ya han tenido su Ceremonia de la vela? Por cierto, algunas personas creen que querer celebrarte a ti misma es una actitud egocéntrica. Deberías dejar de hablar de esta idea porque nunca se va a hacer realidad.

Me quedé completamente pasmada. Ojalá pudiera decir que respondí con un «Vale, pues al diablo contigo y con esa sororidad. Me largo». Pero no lo hice. En lugar de eso, se activaron mis técnicas de supervivencia instintivas para complacer a los demás. La imagen de las amigas que creía haber hecho en la sororidad, con quienes había compartido mi idea, pasó por mi mente. Lloré y me disculpé por haber herido los sentimientos de alguien. Me sentí completamente sola y avergonzada.

CAER EN LA TRAMPA DE COMPLACER A LOS DEMÁS

Durante el vuelo a Estambul, me machacaba por haber sido tan atrevida, pensaba en cada persona y cada «amiga» que quizá iba diciendo a mis espaldas lo «egocéntrica» (es decir: mala) que era.

Fui presa de esta trampa de complacer a los demás durante décadas. Era una técnica de supervivencia que sabía poner en práctica. Era como un vestido de Pascua almidonado y rígido, ideal para impresionar a las ancianas de mi iglesia. Había visto a cada mujer de mi familia desenvolverse de maravilla en este juego de ser complaciente. Y cuando alguna intentaba salirse de esa línea, recibía un buen correctivo por parte de los miembros mayores, a veces hombres y, en ocasiones, mujeres. Este legado de ser «complaciente» y «agradar» había impregnado cada poro de mi piel. Pero también podía sentir un cambio enorme gestándose en mi interior.

Cuando, en el avión que me iba a llevar a la conferencia, el *shock* de esa conversación se disipó, me hice esta pregunta: ¿Por qué había cedido a los caprichos de una presidenta de sororidad a la que ni respetaba ni me caía bien? La respuesta llegó enseguida: porque lo que más deseaba era encajar en algún sitio y que me aceptaran. Aunque ese grupo no compartía mis valores, estaba dispuesta a renunciar a mi propia comodidad por tener un lugar en la mesa.

Cuando llegué a Estambul, conocí a mujeres egipcias que protestaban por sus derechos humanos básicos, supervivientes de agresiones sexuales y jóvenes que se subían a los escenarios exigiendo cambios para sus respectivos países. Entrevisté a todas las mujeres que pude y plasmé sus historias en mi blog, con una mezcla de esfuerzo sincero e imperfección. Pude presenciar el feminismo interseccional en acción, y me cambió la vida.

Una noche, mientras escribía en mi diario sobre estas dos realidades tan opuestas que estaba viviendo, de repente me sentí como una versión sureña de Hannah Montana. La cabellera morena, la de «todos los días», era para ese extraño universo de Misisipi, donde acababan de tirarme de las orejas por intentar crear una nueva tradición para celebrar los logros de las mujeres más allá del matrimonio. La peluca rubia de superestrella era la que usaba para observar a las mujeres más fuertes que había conocido en mi vida exigir cambios y acción a fuerzas opresivas dominadas por hombres, arriesgando literalmente la vida para lograrlo.

Vi que el mundo era infinitamente más grande que aquel en el que las mujeres se tenían que quedar en un segundo plano. Estaba siendo testigo en directo de cómo el hecho de que una mujer ocupara espacios relevantes es un acto que no solo cambia vidas, sino que, en muchos casos, las salva.

No estoy diciendo que presumir de una misma sea lo mismo que luchar por los derechos humanos. Lo que quiero decir es que la forma en que hacemos una cosa determina la forma en que lo hacemos todo. Estaba descubriendo que nuestra capacidad de reconocer lo que nos hace maravillosas y valientes, y animar a otras mujeres a hacer lo mismo, es una fuerza recíproca que genera un sentido de pertenencia más profundo, relaciones más felices y cambios más rotundos, tanto en nosotras mismas como en los demás.

Dejé la sororidad dos meses después de aquel incidente. Lo que aprendí en los escasos dos años que pasé allí es el rechazo que genera en nuestra sociedad el hecho de celebrar públicamente a las mujeres (o, Dios nos libre, la autocomplacencia femenina) cuando sus logros se salen de las normas establecidas (es decir, la «escalera del éxito»: compromiso, matrimonio, hijos, y volver a empezar).

Necesitamos llevar a cabo la revolución de presumir.

CÓMO PRESUMIR SIN PUDOR

Esa experiencia en la sororidad de Misisipi fue el germen de mi manifiesto sobre presumir sin pudor.

Ha llegado el momento de que crees tu propia gran celebración. La capacidad de saber y reconocer lo increíble que eres tendrá un impacto directo en cómo vives la mejor versión de tu vida y en cómo atraes la mejor relación de tu historia.

Saber exactamente qué aportas en tus relaciones —contigo misma y con los demás— te convierte en alguien único y aumenta tus posibilidades de atraer a las mejores amistades, trabajos y relaciones románticas.

Darte permiso para presumir de ti misma cambiará por completo tu vida amorosa. También te llevará a dejar atrás aquellas sororidades, relaciones y estructuras agotadoras que no empoderan a quienes están dentro, e invitará a las personas que amas a que también presuman de ellas mismas. Presumir sin pudor no implica acaparar toda la atención ni crear una situación agobiante, sino que da oxígeno y vitalidad a las conversaciones y conexiones correctas.

Lo digo por experiencia. Cuando aprendí a presumir sin pudor, esta práctica se convirtió en una herramienta táctica y de celebración en mi vida amorosa que atrajo a las personas adecuadas y alejó al resto. Esta práctica fue clave para atraer la vida que quería. Sabía cuáles eran mis logros, los celebraba a menudo e invitaba a todos los que me rodeaban a hacer lo mismo con los suyos.

Llegar a este punto significa hacer algo que podría sonar desagradable para cualquier mujer que haya sido educada para anteponer las necesidades de los otros a las suyas propias: Vas a tener que priorizarte. Eres la única persona cualificada para el amor de *tu* vida. Encontrar a esa persona, o personas, será más fácil y rápido cuando te atrevas a ser egoísta.

Tu vida amorosa merece ese toque de egoísmo. Te mereces la vida amorosa que deseas. La vida es una sola, así que ¿por qué conformarte con una persona que no es la mejor opción? Quizá porque dudas de que esa persona ideal exista. He visto muchísima gente encontrar relaciones del tipo «¡no me puedo creer que esto exista!» como para que tú sigas viviendo en esa mentira un segundo más.

«Egoísta» es una palabrota solo para quienes te quieren reprimir.

Si elegiste un libro atrevido como este, es porque has decidido dejar de reprimirte, sobre todo en lo que respecta a tu vida amorosa, ¿verdad? Pues entonces es hora de empezar a presumir.

No me refiero a que desarrolles una personalidad arrogante y que te transformes en esas personas que miran a los demás por encima del hombro (esa es la definición anticuada de presumir). Presumir sin pudor es como respirar; consiste en reconocer lo que tú puedes aportar y en desarrollar una curiosidad genuina por la magia que hay en los que te rodean.

Puede que presumir sin pudor resulte incómodo o incluso poco seguro. Es natural sentirte así en una cultura que suele ser hostil hacia las mujeres y las personas pertenecientes a minorías que intentan empoderarse (o simplemente sentirse cómodos en su propia piel).

Por eso no emprenderás este viaje sola. Este libro es un reflejo de un movimiento feminista de mujeres que exigen más y que ocupan su espacio sin miedo. Es por eso que cada reunión o sesión de *coaching* de mi empresa, *Date Brazen*, empieza con una sección en la que presumimos. Cada persona debe compartir algo que haya hecho y de lo que quiera presumir o celebrar. A continuación, el chat se llena de mensajes de elogios y alegría. Cada logro, ya sea «me tomé un descanso en el trabajo para ir a bailar y me sentí genial», «compré una casa» o «le puse un límite a mi madre», se celebra por igual. No hay logros demasiado grandes ni pequeños. Haz que cada celebración, cada victoria y cada cosa que te hace ser *tú* sea completamente tuya. Todos esos logros son pasos que te acercan a priorizarte y a atraer a alguien para quien *tú* seas la mejor opción.

¿Y SI PRESUMIR TE RESULTA INCÓMODO?

Hace poco tuve una revelación durante una reunión de mi grupo de seguimiento por Zoom. Este grupo fue lo que mantuvo vivo mi compromiso a la hora de escribir el increíble libro que ahora tienes en tus manos. Antes de entrar en materia, nos pidieron que formáramos grupitos y explicáramos «en qué estábamos trabajando». Mi impulso fue responder algo como «estoy escribiendo un poco», con ese tono de «bueno, no es para tanto». Durante la escritura de este libro formé parte de varios grupos de seguimiento y no era la primera vez que daba este tipo de respuesta neutral.

Entonces me di cuenta de que estaba disfrazando con modestia lo que *realmente* estaba haciendo, por miedo a lo que estos desconocidos pudieran pensar. El pensamiento sonaba más o menos así: «¿Quién te crees que eres para decir que estás escribiendo un libro? ¡La gente pensará que eres una engreída y que solo quieres llamar la atención!»

¡Y el capítulo que estaba escribiendo literalmente trataba sobre cómo dejar de complacer a la gente y presumir sin pudor! Déjame decirte, querida lectora, que deshacerse del trauma y de los patrones de socialización lleva tiempo. El objetivo *no* es evitar por completo esa incomodidad o esos nervios al presumir. El objetivo es percibir estos pensamientos, tratarlos con compasión y aun así defender tu derecho a expresar lo que vales.

Esa vez, en lugar de responder «no es para tanto», respiré hondo y dije: «Estoy trabajando en un capítulo de mi libro». Me sentí muy orgullosa. También me di cuenta de que lo que pensaran esos dos desconocidos de mí no tenía por qué importarme en absoluto.

Quizá te encuentres en situaciones más delicadas que una pequeña sala de Zoom con desconocidos. Tal vez quieras compartir algo de lo que te enorgulleces con un amigo y temas que te desaliente. O haces un comentario acerca de alguno de tus grandes logros en una reunión familiar y recibes miradas de escepticismo. He vivido ambas experiencias, y la verdad es que no fueron nada agradables. Por eso decidí crear un espacio en el que se anime a la gente a presumir de sus logros a diario. Normalizar esta práctica lleva su tiempo. Aprender a presumir sin pudor no es para cualquiera; algunas personas se sentirán incómodas. De hecho, es probable que incluso *tú* te sientas un poco incómoda al principio.

Algunos amigos y familiares quizá no estén listos para presumir de sí mismos, ni preparados para que tú cuentes tus logros o celebracioens. Todos hemos sido programados en esta especie de *Matrix* para ser discretas, celebrar el matrimonio y los hijos por encima de cualquier otra cosa y dejar de presumir porque «no es propio de una dama». Vivirás algunos momentos raros mientras recorres el camino de desaprender estas tonterías y animas a los demás a hacer lo mismo. Elige tu comunidad con cuidado y comparte solo con aquellos con quienes te sientas segura. Mereces sentirte apoyada y encontrar tu sitio junto a las personas adecuadas mientras celebras tu expansión y crecimiento.

Ocupar más espacio será un proceso raro e imperfecto para todos. Abraza lo raro. Abraza lo incómodo. Ten compasión por esa versión de ti que aún teme presumir de sí misma. A medida que practiques y descubras tu *propio* estilo para presumir sin pudor, irás encontrando más gente que celebre tus logros contigo.

Presumir sin pudor no implica solamente las victorias o conceptos concretos que se puedan medir, no es solo tu trabajo, tu cuenta bancaria o tus próximas vacaciones. Presumir sin pudor también abarca lo intangible: tratarte con amabilidad, mostrar autocompasión en momentos difíciles, establecer límites para proteger tu paz interior y abrirte en tu última sesión de terapia. Desarrollar esta habilidad transformará la manera en la que atraes y afrontas tus citas. Además, creará un ambiente que te apoye a ti y a todos los que te rodean para crecer y prosperar. A continuación, te explico cómo identificar tus logros y usarlos como tu superpoder en el mundo de las citas.

Adopta el enfoque «Sí/Y además»

Me encanta la comedia de improvisación, ¡me alucina! Hice un curso durante un año cuando vivía en San Francisco y aprender esa estructura de juego me cambió la vida. Una de las principales «reglas» en la improvisación es el «sí/y además». Cuando estás en el escenario haciendo una escena y tu compañero dice: «¡Dios mío, qué vestido más bonito llevas!» Tú respondes a lo grande con un «sí/y además» diciendo: «¡Sí, me encantan estos brillos *y además* me hacen sentir como un hada!». Si eres un mal compañero de improvisación dirás algo como: «No, no llevo un vestido, llevo un traje». Eso no es jugar, y no es divertido.

Lo mismo ocurre en tu vida amorosa y a la hora de presumir. La clave no es acaparar toda la conversación hablando solo de ti, sino usar el hecho de presumir como una herramienta para añadir un «sí/y además» en las conversaciones. Estas son algunas maneras con las que puedes practicar la acción de presumir para crear conexiones más profundas:

En tu próxima quedada con amigos, pregunta: «¿Qué has hecho últimamente que te haga sentir orgullosa?» o «¿Tienes algún logro que quieras compartir? Me encantaría empezar una ronda de celebraciones entre nosotros».

O muéstrate *realmente* vulnerable y empieza diciendo: «Estoy practicando la habilidad de presumir. ¿Te importa si comparto algo que quiero celebrar?» *Y* luego, pregúntale a tu amigo sobre qué le gustaría presumir.

En una cita, puedes preguntar algo como: «¿Qué te ha llenado de orgullo últimamente?»

Deja que la otra persona responda, muestra interés genuino en su respuesta y deja que te haga la misma pregunta. ¡Ocupa tu espacio y comparte tu propio logro!

Ese es el «sí/y además» en acción; significa dejar de juzgar y empezar a interesarte. Es la manera de comunicarte generosa y alegremente en tu vida amorosa, contigo mismo y con tus posibles parejas. En el capítulo 4 también voy a hablar del enfoque «tanto/como», que es algo más interno. El «tanto/como» se trata de cómo dar cabida en tu mente a todos tus pensamientos y emociones, con compasión (aunque sean confusos o contradictorios).

Cuando empiezas a presumir desde el juicio, suena más o menos así: «Creo que no les caigo bien» o «Me estoy cargando esta cita. Qué rara soy…». ¿Qué pasaría si te presentaras en una cita sabiendo que mereces exactamente lo que deseas, segura de lo que quieres, y con auténtica curiosidad hacia la otra persona? ¿Qué tal si dejas de exigirles que te demuestren que lo que buscas existe? ¿Y si una cita fuera solo un juego de «sí/y además»?

Muestra todo tu potencial

Esta es otra de las reglas de la improvisación que me *encanta*. No tengas miedo de intimidar a los demás. No minimices tus logros o celebraciones por modestia, o para que los demás se sientan cómodos. Te explico por qué.

Tenía una clienta, Rebecca, que era propietaria de una casa en un barrio muy bonito de una gran ciudad, algo de lo que estaba realmente orgullosa. En al menos dos citas con personas diferentes, cuando mencionaba que era propietaria, ellos se mostraban incómodos, se ponían a la defensiva y empezaban a hablar de sus propios logros con un aire de «yo soy tan bueno como tú».

En una de nuestras sesiones, Rebecca me comentó que esos momentos la hacían sentir fatal. Una cita divertida y ligera se transformaba en una especie de competición que ella no deseaba. «¿Quizá no debería decir que soy propietaria hasta la tercera cita? ¿Quizá es demasiado intimidante?».

Mi respuesta fue: «Si tu logro intimida a alguien, ¿es realmente la persona adecuada para ti?».

Ella me contestó: «Pero no estoy buscando a alguien que gane tanto como yo. No busco a alguien que también sea propietario. No quiero limitar tanto mis opciones».

A lo que yo le dije: «Lo que realmente estás buscando es alguien que esté seguro de sí mismo. Alguien que pueda celebrar tus logros contigo, que sepa expresar los suyos y que no compita contigo en nada. Compartir lo que te hace sentir orgullosa hizo que él mismo se descartara de la lista de posibles candidatos. Para la persona adecuada, tus celebraciones serán simplemente eso: celebraciones. Y del mismo modo, tú celebrarás las suyas».

Presumir puede ser el mejor filtro para descartar a las personas incorrectas y atraer a las adecuadas.

Mostrar todo tu potencial es reconocer que mereces lo que deseas. Si alguien cree que eres demasiado intensa, entonces no es suficiente para ti.

Cuando el malestar de reprimirte, de no querer intimidar, pesa más que el miedo al rechazo, es el momento de dar el salto hacia algo más grande.

En los próximos capítulos, vamos a integrar tus logros en cada aspecto de tu estrategia respecto a las citas. Ya sea conociendo gente cara a cara o adentrándote en el mundo de las citas *online*, presumir te ayudará a atraer a las personas adecuadas y a alejar al resto.

Pero, sobre todo, presumir te permitirá centrar tu vida amorosa en torno a ti misma, a tu chispa singular y a todo lo que tienes para ofrecer. Eres una persona increíble, y esta habilidad para presumir hará que toda esa genialidad fluya de forma natural en tu vida amorosa.

TAREA PARA EMPEZAR A LIARLA:
El reto de las veinte cosas en dos minutos

Durante la próxima semana, haz este ejercicio todos los días. Pon un temporizador de dos minutos y anota veinte cosas que te encanten de ti misma. No pasa nada si no llegas a veinte: recuerda, no te bloquees por intentar ser perfeccionista. ¡Líala un poco!

Presumir no tiene que ver únicamente con tus logros. Esta práctica no va del tamaño del logro del que presumes, sino sobre cultivar el arte de la autocelebración. Existen *muchísimas* cosas de las que podrías presumir, y si te atascas, aquí tienes algunas «Presum-egorías» (sí, como categorías):

Presume de tus logros. Puede ser de los avances que has conseguido, los aspectos en los que destacas, un momento de valentía que superaste o cualquier cosa que te haga sentir realmente orgullosa de ti misma.

Presume de tu esencia. Aquí puedes incluir tus rasgos de personalidad, tus valores más profundos o aquello que te hace ser una buena amiga. Si yo creara una lista de Preferencias alineadas con la esencia (que aprenderemos en el capítulo 4) solo sobre *ti*, ¿qué incluiría?

Presume de lo que te gusta de ti. Esto puede abarcar tus preciosos ojos, tus caderas fabulosas, tu hábito de lectura voraz, tu compasión, tu habilidad para recordar episodios de «Las chicas Gilmore» solo con una frase o, simplemente, aquellas cosas que te hacen ser tú.

No hay límites para aquello de lo que puedes presumir.

Después, hazte estas preguntas:

- ¿Qué pensamientos te surgieron al hacer la lista?
- ¿Qué sentimientos aparecieron?

- ¿Cómo crees que el reconocer y celebrar tus «alardes» impactaría en tu vida amorosa (y en tu vida en general)?

Usa este reto de las veinte cosas en dos minutos para dar un impulso a tu vida amorosa antes de hacer *swipe* o antes de una cita, para recordarte lo increíble que eres.

Te reto a presumir de ti misma con veinte cosas en dos minutos ahora mismo. ¿Lista? ¡A por ello!

4

Aspirar a algo más que lo justo y necesario [o sea, alguien amable y con trabajo]

Para encontrar el amor debes ser más selectiva.

¡Vaya sorpresa!

Sé que seguramente has escuchado y hasta interiorizado ese consejo de «¡no seas tan selectiva!» La suposición aquí es que aspirar a lo que realmente quieres limitará tanto tus opciones que podrías acabar dejando escapar a la persona perfecta. Te la perderás y terminarás como una solterona solitaria y marchita solo por atreverte a tener tus preferencias claras. ¿Cómo te *atreves* a aspirar a lo que quieres?

Qué absurdo.

El «eres muy selectiva» surgió directamente de las brasas del patriarcado. «Selectiva» es, al fin y al cabo, una derivada de «selección», utilizada para deslegitimar tus elecciones. Es como la palabra «necesitada», que te condena por *atreverte* a tener necesidades, o «temperamental», que te juzga por tener una personalidad marcada. Estás *eligiendo* por ti misma y ejerciendo tu libertad al pedir lo que deseas. Esto implica que probablemente desafiarás órdenes del poder establecido y dejarás de esperar la aprobación de otros para pedir y conseguir lo que deseas.

Elegir a quién quieres es, literalmente, tu derecho.

Puede que te hayan dicho o enseñado que el «problema» son tus preferencias. Puede que pienses que todas las relaciones requieren esfuerzo, así que deberías conformarte con alguien que sea lo «bastante bueno».

¿Viste los Óscar de 2013? Si no, te haré un breve resumen. Jennifer Garner asistió a la gala con Ben Affleck, su marido por aquel entonces.

Ben ganó un Óscar por su película *Argo* y, al final de su discurso de aceptación, se volvió hacia Jennifer y, en un tono emocionado, nervioso y con notas de inseguridad, le dijo: «Quiero dar las gracias a mi mujer por trabajar en nuestro matrimonio durante diez Navidades. Es un trabajo, pero de los mejores que existen, ¡y no podría pedir una compañera mejor!».

Pocos años más tarde se divorciaron.

Como una adulta que vivió la separación de sus padres, sé que el divorcio puede ser algo bueno. Puede ser una fuente de empoderamiento, en especial para las mujeres, quienes hasta hace poco no tenían muchas posibilidades de tomar esa decisión por sí solas.

Pero haber presenciado ese momento en televisión, en directo y a nivel internacional, me causó un escalofrío familiar. Quizá estoy proyectando mis traumas, pero el mensaje que percibí fue: «Lo único que puedo decir sobre mi relación es que es difícil».

Lo que observé en Jen G, Ben Affleck, el complicado matrimonio de mis padres y las mujeres de mi entorno, a quienes veía desmoronarse en sus relaciones a largo plazo, era que todas son igual de difíciles.

Pensé: «más me vale conformarme con alguien que esté más o menos bien y dedicarme a trabajar duro para mantener la relación». Ese tipo de pensamiento me llevó de forma directa a conformarme con esa relación tóxica con Dylan unos años después.

Ese mensaje de «conformarse con lo que hay» fue apuntalado por amigos y familiares cuando decían cosas como: «Bueno, todos somos humanos; ¡quizá deberías darle otra oportunidad!»

La clave para atraer a la pareja adecuada no se encuentra dentro de una lista abstracta, general y sin demasiadas exigencias. Tampoco debería ser rígida y superficial sobre aspectos como la altura, la media con la que se graduó o el corte de pelo de tu futura pareja.

La clave para atraer a la persona indicada se encuentra en definir tus Preferencias alineadas con la esencia (PAE).

Las PAE son un registro vivo y en constante evolución de tus deseos, que capturan lo que te haría vibrar en una cita y en la relación adecuada. Este es tu lenguaje de amor, y cuando lo defines, este nivel de claridad te ayudará a encontrar a la persona indicada con mayor facilidad.

Sin PAE, la mayoría de las personas que buscan pareja navegan entre la indecisión y la duda, y terminan dando demasiadas oportunidades a quienes no son adecuados para ellos.

Las PAE crean una visión clara de cómo te debes sentir junto a la persona correcta, como una bonita pintura impresionista. Hay una magnífica pintura de Renoir llamada *El almuerzo de los remeros*. En ella se pueden ver hombres y mujeres comiendo, una mujer a punto de besar a su perro en la boca (puaj) y mucha risa y coqueteo. No es una foto Polaroid; no es una imagen estática. Pero esa pintura impresionista te da la sensación de estar ahí mismo.

Con tus PAE, capturarás la sensación de estar en la relación correcta, en la cita perfecta. Sabrás cómo se presenta tu futura pareja ante el mundo, qué le da alegría y cómo te sientes estando a su lado.

Cuando tengas claras tus PAE, te servirán como guía. Harán que dejar a las personas incorrectas sea mucho más fácil y que identificar a las adecuadas sea infinitamente más sencillo. Aplicar tus PAE de forma coherente cambiará tu vida amorosa para bien. Defender lo que quieres desde tus PAE también es un acto feminista. Es un gran «que les den» al sistema y a quienes preferirían que te reprimieras, que fueras más complaciente y conveniente, con tal de no alterar el orden establecido. De este modo, estás revolucionando tu vida amorosa y poniéndote a ti misma en primer lugar, en lugar de hacerlo con las expectativas respecto a una posible pareja.

He comprobado que las PAE son *la* clave para atraer a la mejor relación de tu vida. En el camino, también atraerás oportunidades con valentía, amistades que te nutran el alma y límites bien definidos.

Así es como creé mis PAE. Después de terminar mi relación tóxica con Dylan, me había liberado de ese círculo vicioso de citas malas, pero también estaba aterrorizada. Había trabajado como *matchmaker*. Se me daba muy bien ayudar a otros a tener citas, pero en mi propia vida amorosa me sentía como una principiante total. Antes de conocer a Dylan, mi vida sentimental no era gran cosa. A mis veintitantos, iba dando tumbos en el mundo de las citas, sintiéndome siempre un paso por detrás respecto a mis amigas con relaciones serias, yendo a citas aburridas y sintiéndome atrapada en relaciones superficiales. Intenté de todo. En un momento de desesperación, hice una lista enorme y específica tras una búsqueda en YouTube a la una de la madrugada y seguir los consejos de una *coach* experta en manifestación.

Me guardé la lista en el bolsillo con la ilusión de encontrar a la persona adecuada, pero terminó como un papel arrugado y olvidado en unos vaqueros que a su vez acabaron en la lavandería del barrio.

Cuando me ponía estricta con mis preferencias, las citas empezaban a escasear, criticaba las pocas que tenía y caía en la desesperación tras no sentir buena química con nadie.

Y entonces me iba al otro extremo: me volvía súper flexible y buscaba a alguien «agradable y con trabajo». Estas preferencias flexibles eran bastante superficiales. Varias citas desastrosas más tarde, el miedo de que no existiera alguien que se ajustara a lo que buscaba se hizo real. Esa flexibilidad, además, daba pie a múltiples interpretaciones, lo que terminó llevándome a citas aún peores porque mis criterios eran demasiado amplios. Por eso, cuando alguien cercano, ya sea una amiga, una compañera de trabajo, tu terapeuta o incluso tu madre, intenta presentarte a alguien que no cumple con ninguno de tus requisitos diciendo «¡dale una oportunidad, nunca se sabe! La gente puede sorprenderte», lo mejor es correr en la dirección opuesta.

Al final, usar una estrategia tan flexible significaba que cualquier persona con sangre en las venas tenía una entrada para mi fiesta de citas. Acababa recogiendo vasos de plástico pegajosos y bolsas de Cheetos a medio comer de gente sin nada que ver con mi vida.

Cuando conocí a Dylan, cumplía con los ítems de mi lista flexible *y también* con algunos de mi lista estricta. Pensé: «¡Dios mío! Parece el candidato ideal». Sin embargo, cuando esta relación probó ser un pozo sin fondo, acabé cuestionándome: «¿Será que tengo "mal ojo"? ¿Puedo confiar en lo que quiero y en mi juicio? ¿Estoy pidiendo demasiado o demasiado poco? ¿Es posible conseguir lo que busco?»

Ahora entiendo que alternar entre ser muy vaga y extremadamente rígida con mis preferencias era una reacción al trauma. A esto lo llamo Preferencias de infrafuncionamiento y de sobrefuncionamiento.

Estos conceptos fueron introducidos por el psicólogo Murray Bowen y popularizado por Harriet Lerner en su libro *La danza de la ira*. Describe estos dos estados como una reacción humana normal ante la ansiedad y los traumas del pasado. O sobrerreaccionamos tomando las riendas, controlando y tratando de arreglarlo (es decir, adoptando preferencias muy estrictas), o damos un paso atrás, evitamos tomar decisiones y dejamos las cosas en el aire (es decir, con preferencias demasiado flexibles). Este patrón de infra y sobrefuncionamiento es como el típico caso en el que el hermano mayor planifica y controla hasta el mínimo detalle de la fiesta de los sesenta de su madre, mientras que el pequeño simplemente aparece por allí.

El ***infrafuncionamiento en tus preferencias*** significa que caes en el «¡Nunca se sabe! ¡Dale una oportunidad!». En el fondo, temes que tus deseos sean «demasiado» o que esa persona en realidad no exista.

Infrafuncionar se manifiesta con frases como: «Solo aspiro a encontrar una persona amable y con trabajo» o «No soy tan selectiva, solo busco a alguien que tenga buena conversación». Si piensas: «Bueno, Lily, quiero estar abierta a la posibilidad de sorprenderme», es como decir: «Busco trabajo, y me vale cualquier cosa mientras me paguen». Tal vez, de pura casualidad, encuentres el trabajo ideal, pero es más probable que acabes en uno con un jefe horrible, con bollos rancios en la sala de personal, sin extras y cobrando un sueldo mediocre cada dos semanas.

Estas frases aparentemente abiertas de miras ocultan que no te estás permitiendo desear lo que realmente quieres, y eso anula tu poder de decisión. Si de verdad quieres encontrar a la persona adecuada, necesitas ser clara y reclamar lo que deseas *en detalle.*

Hablando de detallar preferencias…

El ***Sobrefuncionamiento en las preferencias*** es cuando utilizas criterios muy estrictos para minimizar el riesgo de equivocarte, perder el tiempo o decepcionarte.

Esto podría sonar como: «¿No tiene un título de posgrado? Entonces, no es lo que busco». O «Parece que siempre está con su familia… ¿tendrá tiempo para mí?». O «Parece que no le gusta viajar tanto como a mí. Paso».

El Sobrefuncionamiento de preferencias conlleva una actitud de autoprotección, a la defensiva y moralista. Y no es para menos. Has tenido experiencias dolorosas o has visto cómo a alguien a quien quieres las vivía. No has encontrado lo que quieres, y tu respuesta ha sido ser extremadamente específica.

Trudy, una clienta que tuve cuando trabajaba de *matchmaker*, era el claro ejemplo del sobrefuncionamiento de preferencias. Su lista de requisitos era esta:

Debe medir un metro ochenta o más, pero no más de un metro noventa y cinco.

Tener un título de alguna de las diez mejores universidades de EE. UU. (mejor si es de la *Ivy League*).

Hacer ejercicio al menos cinco días a la semana, combinando cardio y entrenamiento con pesas.

Cocinar como Stanley Tucci, pero sin ser obsesivo al respecto.

Leer al menos cinco libros de más de cien páginas por trimestre.

Podía ver que, tras estas preferencias había un miedo latente. Trudy había sufrido muchas decepciones en su vida amorosa y no se sentía segura a nivel emocional. Estaba pendiente de cada posible señal de alarma y no confiaba en sí misma a la hora de no volver a conformarse. Así que, para compensar, microgestionaba sus preferencias con la esperanza de evitar otra decepción.

Un jueves la llamé para contarle que había encontrado a alguien que cumplía con esos requisitos tan estrictos. Él se moría de ganas de conocerla y estaba dispuesto a que los presentara ese sábado.

Salí de mi espacio de *coworking* en el bajo Manhattan y le conté la buena noticia de este candidato tan prometedor: «¡Cumple todos tus requisitos y está disponible para salir contigo este sábado!».

Su respuesta fue: «¿Qué cojones le pasa? ¿Cómo es posible que no tenga planes el sábado?»

La cita estaba condenada desde el principio.

Hice una pausa y respiré hondo. Tardé un momento en darme cuenta de que hablaba en serio. Mi cerebro gritaba: «Eh... Señora, ¿acaso no está libre el sábado *también*? ¿Qué demonios le pasa *a usted*?»

Pero, en lugar de responderle con esa actitud (¡seguramente me hubieran despedido!), le solté el discurso de la empresa sobre «dar una oportunidad a la gente», tener una mentalidad abierta y ver las citas como oportunidades para recopilar información.

Fue a la cita. No salió bien. Porque aquello que parece «perfecto sobre el papel» rara vez lo es en la vida real.

Por eso no hay una lista de requisitos estrictos ni una colección de preferencias poco definidas que sirvan para atraer a tu persona ideal. Quiero invitarte al maravilloso punto medio entre el sobrefuncionamiento y el infranfuncionamiento: el territorio de las Preferencias alineadas con la esencia.

Las PAE van mucho más allá de una lista de requisitos bidimensional.

Definir y aceptar mis PAE fue lo que me permitió pasar de un ciclo interminable de citas fallidas y relaciones a medias con personas que parecían «perfectas sobre el papel» a encontrar al amor de mi vida (alguien que jamás habría considerado a través de mi antigua lista).

Ahora es tu turno de darte un gran permiso por escrito para conseguir *exactamente* lo que deseas. Comencemos.

PRIMER PASO: DEFINE LA LOGÍSTICA

Definir la logística significa aclarar los aspectos concretos y medibles de lo que buscas, como la edad, altura o el nivel educativo que prefieres, pero dándoles un enfoque basado en las Preferencias alineadas con la esencia.

Esto no solo implica plantearte qué rango de edad buscas, sino profundizar y preguntarte *por qué* tienes esa preferencia y cómo te gustaría que alguien de ese rango etario te hiciera sentir. Repite el procedimiento con **todas y cada una de tus preferencias**. Esto te permitirá (a) aspirar a lo que quieres y (b) abrirte a la posibilidad de que la persona adecuada te sorprenda porque encaja con lo que deseas sentir.

Puede parecer un poco tedioso responder a tantas preguntas, pero tener esta claridad te ayudará a tener citas que realmente respondan a cómo quieres sentirte. Tus preferencias importan.

Veamos un ejemplo. Si quieres a alguien que mida al menos un metro ochenta, perfecto, anótalo. ¡Tienes derecho a aspirar a lo que quieres! Pero también hazte la siguiente pregunta: ¿Cómo espero *sentirme* con alguien que mida un metro ochenta o más?

Por lo general, mis clientes suelen decir algo así como: «Quiero sentir atracción, y a mí me gustan las personas altas. Quiero que tengan confianza y que se hagan notar al entrar en una sala».

Puedo ver claramente la Preferencia alineada con la esencia detrás de esa respuesta: no solo quieres a una persona «que tenga confianza en sí misma». Buscas a alguien cálido, cariñoso, presente, que te atraiga (obvio) y con quien sientas conexión (por su manera de entrar en una sala). ¿Ves la profundidad de todo esto en comparación con solo pedir «un metro ochenta»?

La otra ventaja de las Preferencias logísticas con el toque de las PAE es que la persona ideal probablemente te sorprenderá. Puede que sea increíblemente atractiva, segura de sí misma *y* que «solo» mida un metro setenta y cinco. Si la persona tiene una seguridad impresionante, es cariñosa, da abrazos increíbles y te sostiene la mirada de una forma que te hace sentir realmente apreciada, tal vez te dará igual que mida un metro setenta y cinco, y te sentirás atraída igual. La atracción no se limita a lo que podemos describir en un papel. El proceso de establecer las PAE te da el lenguaje que necesitas para ser específica y, *al mismo tiempo*, abierta a la gente adecuada.

No se trata de tener la mente abierta porque sí. Ser consciente de cómo te quieres sentir te permite evaluar cada cita y asegurarte de que estás obteniendo lo que realmente quieres, sin conformarte.

Para mí, todo se explica con el ejemplo del moño. Una de mis clientas, Emma, estaba *convencida* de que quería un chico con «moño» (es decir, un hombre con el pelo largo; era uno de sus requisitos imprescindibles para sentir atracción).

Yo veía que esta Preferencia Logística iba más allá de una simple cuestión relacionada con el corte de pelo, así que le pregunté: «¿Cómo esperas sentirte con alguien que lleve moño?».

Resulta que Emma había conocido a muchos hombres con moño creativos, que se salían de los roles de género tradicionales, y eran progresistas, inteligentes y divertidos. Después de haber tenido experiencias muy malas con otro tipos de hombres en su vida amorosa, se había aferrado a los que llevaban moño como si eso fuera un salvavidas. Así que su mente hizo lo que las mentes hacen: creó una historia en la que el moño era la señal de que alguien tenía las cualidades que buscaba.

Al hacer este ejercicio, pudo identificar que buscaba sentir una atracción y que la imagen externa de su cita reflejara su creatividad.

Con las Preferencias logísticas, empezamos por lo superficial y luego vamos profundizando. Veamos el caso de Rebecca y sus preferencias en términos de educación. En una de nuestras sesiones, Rebecca me explicó que prefería que todas sus citas tuvieran un título de posgrado. Su primera respuesta a mi pregunta «¿Cómo quieres sentirte con esta preferencia?» fue algo sencilla. Percibí que se estaba conteniendo cuando me dijo: «Quiero que valoren la educación. Yo estudié muchos años y quiero que comprendan esa decisión».

Le pedí que profundizara un poco más, entonces le pregunté: «¿De dónde crees que viene esa respuesta?» Se quedó en silencio un momento, y entonces le vino una idea a la cabeza. Dijo: «Mi padre quería que todos sus hijos tuvieran una educación superior. Tengo miedo de que, si elijo a alguien que no haya seguido ese camino, no me entienda o que mi padre no lo apruebe».

Le respondí: «Si dejamos de lado lo que espera tu padre y escuchamos solo lo que *tú* quieres, ¿cómo deseas sentirte con respecto a esta preferencia sobre la educación?».

Tomó aire y respondió: «Quiero sentirme comprendida. Quiero sentir una conexión profunda. Quiero sentirme aceptada. Quiero sentir que estamos al mismo nivel intelectualmente y de entusiasmo cuando conversamos». ¡EUREKA! Ahí estaba la clave.

Ahora Rebecca sabía que, si bien un título de posgrado era «un punto a favor», no era algo imprescindible. En lugar de eso, iba a evaluar si se sentía intelectualmente acompañada y valorada.

Las recomendaciones y preferencias de cada persona en cuanto a las citas reflejan sus propios mecanismos de defensa aprendidos, sus prejuicios y sus deseos singulares. Que el padre de Rebecca identificara los estudios de posgrado con un signo de éxito reflejaba sus propias experiencias y creencias personales. En este proceso, podrás ver hasta qué punto tus preferencias han sido influenciadas por otros, tal vez por personas que creías que sabían más que tú solo por el hecho de haber estado en una relación.

El secreto que me muero por contarte es este: nadie sabe más que tú sobre lo que realmente quieres y necesitas. Tú eres la experta en lo que deseas. Y con las PAE también serás una experta en cómo encontrarlo.

Cuando sabes cómo quieres sentirte en la relación ideal, puedes permitir que la persona adecuada te sorprenda con su forma de ser. Porque resulta que, cuando Rebecca empezó a tener citas siguiendo este proceso, conoció a alguien increíble. *No tenía* un título de posgrado, *pero* era muy intelectual, inteligente, y respetaba enormemente el esfuerzo que ella había puesto en su educación superior. Ni siquiera tenía un título universitario. Era un programador informático increíblemente brillante que consiguió trabajo en una gran empresa de tecnología tras acabar el instituto. Gracias a este proceso, Rebecca supo exactamente cómo quería sentirse con sus PAE, y lo comprobó en cada uno de los pasos del camino.

El patriarcado ha influido en tus preferencias.

Todos hemos sido condicionados por nuestro entorno (obviamente), lo cual significa que quizá algunas de tus preferencias estén basadas en normas patriarcales antiguas que sería bueno revisar. Para depurar tus PAE de aquellas que no van en línea con tus valores feministas, pregúntate cosas como: «¿De dónde viene esta preferencia? ¿Es mía o me la han transmitido?» Quizá en realidad pertenezca a un padre, un amigo o un colega; en ese caso, devuélvesela. Estás rediseñando tus deseos según tus propios términos, no a partir de las expectativas de los demás.

SEGUNDO PASO: ¿QUÉ VALORES Y RASGOS DE PERSONALIDAD TE INTERESAN?

Esta es mi parte favorita del proceso de definir las PAE. Es como el relleno de chocolate de una trufa. Es como el quiosco de la plaza de Stars Hollow. Es el núcleo de tu nueva estrategia para las citas y el lugar donde todo confluye. Además de las preferencias que se pueden evaluar en un perfil o currículum, es decir, las Preferencias logísticas, también es importante desentrañar esas cualidades más profundas y menos cuantificables. Una vez que entiendes los valores y rasgos de personalidad que buscas en tu pareja ideal, puedes identificarlos mejor a través de la lente de las PAE.

En la superficie, todos queremos lo mismo: alguien amable, divertido e inteligente. Y todos tenemos una definición básica de cada uno de esos rasgos deseados. Pero cuando profundizas al nivel de las PAE, verás que *tu* versión, tu definición de «amable, divertido, inteligente» es única y distinta a la de cualquier otra persona.

Primero, aclaremos la diferencia entre los rasgos de personalidad y los valores.

Los rasgos de personalidad describen cómo una persona se muestra ante el mundo. (Por ejemplo, ¿es una persona extrovertida, amable, generosa, compasiva, inteligente o con una visión global?)

Los valores son las creencias fundamentales que influyen en cómo esa persona se muestra ante el mundo. (Por ejemplo, ¿es una persona que da prioridad a la familia y/o comprometida con la justicia social?)

Durante este proceso, vas a escribir en una hoja todos los rasgos de personalidad y valores que deseas. Permítete ocupar todo el espacio de página que necesites.

A partir de ahí, la idea es crear de tres a cinco palabras o frases clave que describan con claridad y belleza los rasgos de personalidad y valores de tu persona ideal.

Al final de este proceso, tendrás una definición única de cada término, adaptada a lo que realmente te inspira y te hace sentir viva cuando estás frente a alguien.

Para encontrar la versión viva y auténtica de cada una de tus preferencias, vas a hacerte estas tres preguntas:

1. ¿Qué significa esta palabra para ti?
2. ¿Qué valores tiene alguien que sea ___________?
3. ¿Cómo esperas sentirte junto a alguien que sea __________?

Veamos un ejemplo: Mi clienta Alison me dijo que quería encontrar una persona «con una visión global».

Cuando nos conocimos, ella tenía treinta y pico, estaba metida en un círculo vicioso de citas mediocres y nunca había tenido una relación profunda con nadie. Estaba lista para tomar las riendas de su vida amorosa, así que nos lanzamos a definir todas sus Preferencias alineadas con la esencia.

Al principio, cuando le pregunté qué significaba «tener una visión global» para ella, dijo: «Que haya viajado mucho y se interese por el mundo».

A continuación le pedí que profundizara.

Esto fue lo que argumentó:

Para Alison, alguien «con una visión global» es una persona que tiene una curiosidad genuina por otras culturas, que ha viajado a lugares donde no se habla su idioma. Le preocupa el cambio climático y la crisis de refugiados mundial. Es capaz de mantener una conversación con personas muy diversas. Es bilingüe o ha querido siempre aprender otro idioma. Tiene una ideología política progresista. Se identifica como feminista. Lee libros de autores variados. Siempre está aprendiendo algo nuevo y siente una pasión genuina por la gente.

En cuanto a «lo que valora», para ella, una persona así valoraría el aprendizaje, una mentalidad de crecimiento constante, el bienestar de los demás, su capacidad de viajar y su seguridad financiera. También valoraría sentirse en equilibrio y cuidar de sí mismo y de los demás.

Para la pregunta «¿Cómo quieres que alguien con esta preferencia te haga sentir?», Alison supo la respuesta al instante. Quería sentirse comprendida, acompañada en sus pasiones, cuidada e inspirada a diario.

¿Te das cuenta de lo que pudimos llegar a profundizar? Las Preferencias alineadas con la esencia van más allá de lo básico y se centran en lo que *de verdad* quieres y en cómo deseas sentirte. Y sí, mis clientes a veces se desesperan cuando insisto con preguntas como: «¿Qué significa eso para ti? Profundiza. Ahora dime, ¿qué significa, realmente, para ti?» Pues detrás de esa búsqueda más profunda está la clave para atraer a la pareja correcta.

Cuando Alison terminó de explorar todas sus Preferencias alineadas con la esencia con estas preguntas y este enfoque tan intencionado, tenía una idea clara, alegre y única de su futura relación, que le resultaba emocionante y llena de vida. Definir sus PAE le hizo sentir que lo que quería estaba más cerca. Cuanto más conoces lo que quieres y lo expresas, más probable es que termines atrayendo aquello que deseas.

Sus preferencias no eran una muralla inamovible ni una serie de ideas vagas. Eran como una pintura impresionista que parecía real y que podía usar como referencia para decidir si las futuras conversaciones y citas eran adecuadas para ella o no.

Definir sus PAE tuvo un impacto transformador en la vida de Alison. Por primera vez, estaba priorizándose, a sí misma y sus necesidades. Y, dado que siempre vivió en una sociedad patriarcal, nunca le habían enseñado a priorizar sus necesidades, especialmente respecto a su vida amorosa. Pero ahora, con las PAE, Alison pone sus necesidades en primer lugar, deja de perder el tiempo y, por fin, confía en sus propios deseos.

No importa si su futura pareja lee los mismos libros que ella. Lo que realmente importa es que esa persona tenga una manera de preocuparse por el mundo parecida a la de Alison. Las Preferencias alineadas con la esencia son una invitación radical a centrarte en ti y en cómo quieres sentirte como *manera* de atraer lo que deseas. Una vez que supo cómo quería sentirse en relación con sus preferencias, Alison tuvo claro qué pasos debía seguir para atraer lo que realmente buscaba.

Tus palabras clave y definiciones de las Preferencias alineadas con la esencia harán que sea mucho más fácil hablar de lo que deseas. También te ayudará el hecho de compartirlo con amigos que quieran presentarte a alguien.

Te puedo escuchar ahora mismo diciendo: «Lily, ¿de verdad tengo que responder a tantas preguntas? ¿No puede ser un libro de citas normal que pueda leer rápidamente, sienta que he aprendido algo y luego lo olvide?»

No, no quiero que te quedes en lo superficial tras leer este libro. Quiero ayudarte a lograr resultados extraordinarios, y el esfuerzo intencionado da lugar a resultados intencionados. Debes hacerte estas preguntas sobre cada una de tus preferencias para llegar a la verdadera esencia de lo que deseas.

TERCER PASO: IDENTIFICAR LA RAÍZ DE TUS PREFERENCIAS ALINEADAS CON LA ESENCIA

Este proceso está inspirado en el libro de Brené Brown, *Dare to Lead*. En este, la escritora comparte decenas de valores y explica que, según su investigación, las personas suelen tener solo dos o tres valores fundamentales de los que se desprenden todos sus comportamientos y creencias. Sí, acotar tus valores a la mínima expresión es complicado, *pero* saber cuáles son tus valores específicos te permitirá desenvolverte en el mundo con más autonomía y seguridad.

Acotar las palabras y frases clave de tus PAE también será un desafío, *pero* te permitirá manejarte en el complicado y confuso mundo de las citas con claridad y seguridad.

Después de anotar todos los rasgos de personalidad y valores que deseas en tu futura pareja, pregúntate con cada palabra que anotes: «¿Es esta palabra la *raíz* de lo que quiero? ¿O solo *describe* lo que quiero?». Para empezar, puedes marcar las que aparezcan repetidas varias veces. Esas son las pistas para llegar a la raíz.

Mi clienta Sherry decía que quería a alguien observador, atento, gracioso y compasivo. Al reflexionar sobre cuál era la *raíz* de esas preferencias, se dio cuenta de que la palabra «compasivo» era el núcleo. Para ella, la compasión se expresaba en la capacidad de ser observador, en su deseo de hacer sentir a los demás como en casa, en su interés genuino por las historias ajenas y en hacer buenas preguntas para seguir profundizando. La raíz de su Preferencia alineada con la esencia raíz se convirtió en «una persona con un alma compasiva».

Si te encuentras atascada con una lista superficial y vaga y te preguntas, «¿Qué es lo que quiero en realidad? ¡No lo sé!», atrévete a hacerte preguntas más profundas y no tengas miedo de explorar en el papel.

Por ejemplo, si la palabra que se repite para ti es «amable» pero no tienes claro cómo se manifestaría esa amabilidad en una pareja, hazte preguntas como:

¿Qué significa para mí la amabilidad en el día a día?

¿Cuál ha sido el gesto de amabilidad más grande que me han dedicado en toda mi vida?

¿Cuándo fue la última vez que un amigo cercano, una pareja o un familiar me hizo sentir profundamente acogida gracias a su amabilidad?

Usa tus experiencias pasadas para obtener los datos que necesitas y concretar tu Preferencia alineada con la esencia.

Si una de las frases que has elegido es «inteligencia emocional», podrías preguntarte cosas como: ¿Ha ido a terapia? ¿Cómo son sus amistades? ¿Qué suele leer en su tiempo libre?

Hacerte estas preguntas te ayudará a volcar sobre el papel lo que realmente deseas, a definir tus Preferencias alineadas con la esencia y a clarificar cuál es la raíz de las mismas.

CUARTO PASO: DESPÍDETE DE LOS «DEBERÍAS»

Después de haber revisado tus Preferencias logísticas, los rasgos de personalidad y valores a través de las Preferencias alineadas con la esencia, toca hacer un repaso final y eliminar *todos* los «deberías».

La palabra «deberías» no sirve para nada. Nunca. Los «deberías» suelen venir de que otra persona te dice qué es aceptable y qué no. Muchos «deberías» se fundamentan en la vergüenza, en frases como «Deberías buscar a alguien que haya estudiado en una universidad de renombre» o «Deberías salir con alguien que gane más que tú». Pon atención a cualquier condicionamiento patriarcal que pueda estar escondido detrás de estos «deberías».

Revisa tus preferencias y señala todo lo que tenga esa aura de «debería». ¿De dónde viene esa idea? Quizá de tu madre, que desde niña te decía que «deberías» buscar una cualidad en particular. O tal vez de un colega que te insiste en que solo los tontos salen con alguien que gana menos que ellos. El perfeccionismo te dice: «Ya deberías tener claras tus preferencias» o «Ya deberías haber encontrado a tu pareja ideal». Estos pensamientos de «deberías» responden al perfeccionismo en su intento por protegerte del rechazo y de lo desconocido. Pero esas ideas también te están dejando estancada en tu vida amorosa. Por eso, olvídate del perfeccionismo y atrévete a liarla un poco para encontrar el amor.

Literalmente, no hay forma de hacerlo mal.

No puedes echarlo a perder por desear demasiado. Lo bueno de las PAE es que evolucionan y se transforman. Recuerda que es un documento vivo. Está pensado para expandirse conforme vas aprendiendo más sobre lo que deseas y necesitas.

Cuando aparezca esa voz perfeccionista que te dice «deberías» en este proceso, ten en cuenta que te está intentando proteger de la vulnerabilidad y del posible rechazo que supone abrirte más. Permítete sentir compasión por esa parte de ti que busca certeza.

Luego, recuérdate que estás en un proceso de expansión. Tu vida amorosa no necesita que seas perfecta, necesita que estés presente. No hace falta que conozcas cada preferencia, ni que lo hagas todo a la perfección para avanzar en la dirección correcta.

Este proceso es un despliegue sin prisas.

No te preocupes. Estás exactamente donde tienes que estar. Empieza ya, y ten a mano este trabajo sobre tus preferencias mientras recorres el libro.

EL PODER DEL «TANTO/COMO»

Quizá pienses que alguien así de increíble no existe porque aún no lo has encontrado. Ese miedo es normal. Para evitar caer en ese pensamiento erróneo (que es lo que realmente es), quiero enseñarte *la* herramienta que uso todos los días.

La palabra «debería» (como la mayoría de los «deberías») se basa en una dicotomía de «esto o aquello», como, por ejemplo: «*O* encuentro a alguien con una "personalidad fuerte" con quien pueda estar, en cuyo caso tendría que ser sumisa, *o* me quedaré sola para siempre porque encontrar a esa persona es como buscar una aguja en un pajar».

En lugar de quedarte atrapada en esas opciones limitadas, el «tanto/como» es como un bálsamo que suena así:

> «Me inquietan *tanto* estas preferencias, *como* estoy dispuesta a intentarlo».
>
> «Me han enseñado *tanto* a desear menos, *como* estoy desaprendiendo un montón de cosas que no aportan nada a mi vida amorosa en este momento».
>
> «Puedo abrirme *tanto* a una visión diferente de mi vida amorosa, *como* sé que encontrar a alguien increíble puede ser difícil; *y* yo hago cosas difíciles todo el tiempo».

El «tanto/como» es como estar en un inmenso y reluciente hangar de aeropuerto (me viene a la mente ese icónico hangar de la película *Crazy Rich Asians*). Es muy amplio y espectacular, y tiene una puerta gigante por la que se puede ver todo el cielo. Este mágico hangar del «tanto/como» se expande para acoger todo lo que desees. Puedes ocupar todo el espacio que quieras. Además, puedes despedirte y soltar los «deberías» y los «o esto o aquello» que no favorecen la expansión de lo que deseas.

Al definir tus Preferencias alineadas con la esencia, no solo estás aclarando qué es lo que quieres, también estás creando una vida amorosa con límites bien marcados y definidos. Cuando sabes cómo quieres sentirte con la persona adecuada, es más probable que la encuentres. Es menos probable que te conformes con algo que no te satisface y más probable que dejes ir a las personas que no encajan contigo. Estás tomando las riendas de tu vida amorosa y eso, sin duda, tendrá sus frutos.

Te estoy oyendo de nuevo diciendo: «Lily, dices que puedo aspirar a lo que deseo, pero ¿y si soy tan específica que rechazo a la persona *adecuada* sin darme cuenta?».

Te entiendo, y por eso mismo te pido que te concentres en cómo quieres *sentirte* con cada preferencia. Estas preferencias no deberían ser una muralla construida para mantener a los demás en el exterior. Al contrario, te permiten usar el cómo te sientes como una brújula para saber si alguien es adecuado para ti.

Cuando te concentras en cómo quieres sentirte, en lugar de aferrarte a una palabra o lista concreta, acabarás en la relación correcta. Claro que puedes aspirar a exactamente lo que deseas, *y también* puedes abrirte a la posibilidad de que esa persona ideal te sorprenda. Estoy prácticamente segura de que lo hará. Y puedes confiar en que el cómo quieres sentirte te guiará hacia la relación adecuada, pase lo que pase.

En definitiva: puedes confiar en tu cuerpo y en tus sensaciones.

Si notas cierta resistencia durante este proceso, déjame ofrecerte un chute de esperanza:

Antes de comenzar a trabajar con sus Preferencias alineadas con la esencia, mi clienta Debbie me dijo: «Lily, esto me parece absurdo. ¿Qué sentido tiene intentarlo si nunca he conocido a alguien con estas cualidades?».

En cuanto lo dijo, pude ver la tensión en su cuerpo y la preocupación en su rostro. Era evidente que las expectativas eran altas.

Debbie había intentado de todo en su vida amorosa, pero nada había funcionado. Su urgencia en ese momento reflejaba algo más profundo: temía que lo que deseaba no fuera posible. Debbie había empezado a creer que «de todos modos moriría sola». Ya había decidido que este proceso no iba a funcionar, lo cual es natural. Nuestro cerebro quiere protegernos de la vulnerabilidad a toda costa.

Ha creado toda una historia basada en esas experiencias con tal de protegerte de rechazos futuros. Así que, lo primero que te recomendaría es que te muestres una buena dosis de autocompasión.

No hace falta que empieces a creer desde ya en que existe ese alguien que cumpla con todas tus Preferencias alineadas con la esencia. Lo importante es que aprendas a confiar en ti misma.

CONÉCTATE CON LA ENERGÍA DE LO QUE DESEAS

Si te sientes confundida o bloqueada con tus PAE, aquí tienes un ejercicio de meditación para escribir y conectar con la energía de tus deseos. Lee estas indicaciones y luego tómate todo el tiempo necesario para escribir lo que te venga a la mente. Si tras este primer intento tus PAE siguen sin definirse, permítete ser espontánea y expresarte libremente en el papel. Este proceso de definir y afinar tus PAE te llevará tiempo. Date permiso para realizar esta meditación tantas veces como lo necesites.

Haz tres respiraciones profundas. Inhala contando hasta cinco, aguanta el aire durante tres segundos, y exhala durante diez.

Observa tu cuerpo. ¿Sientes alguna tensión en algún punto?

Respira profundo concentrándote en esa área. Libera lo que puedas.

Muestra un poco de autocompasión. Si quieres, tócate el abdomen o el pecho y elige soltar la tensión por un momento.

Imagina que estás yendo a la tercera cita con alguien a quien realmente tienes ganas de volver a ver.

Entras en el restaurante, y tu cita se levanta para saludarte.

Os abrazáis.

Imagina cómo te hace sentir ese abrazo. Luego os sentáis y tienes la cita más increíble y profunda de tu vida. En ese momento te das cuenta de que esta vez es distinto.

Y ahora que hemos creado el ambiente para esta cita tan especial, quiero que imagines de qué habláis. ¿Qué temas surgen en vuestra conversación? ¿Cuáles son sus intereses? ¿Qué hace que ambos os sintáis vivos en este momento?

¿Cómo es estar en su presencia?

Acaba de decir algo increíblemente sexy, lo más atractivo que jamás has oído. ¿Qué fue lo que dijo? ¿Cómo te sientes en ese momento?

Estás a punto de despedirte pero, antes de hacerlo, miras a esta persona y aprecias algo en ella. ¿Qué es?

Ahora quiero que vuelvas la atención hacia ti. ¿Qué es lo que aprecias respecto a ti en esta cita? Reconoce algo de tu yo en esa situación.

Tú y tu fantástica cita os levantáis y salís del restaurante (definitivamente os vais a besar en cuanto salgáis a la calle).

¿Cómo te hizo sentir la energía de esta cita? Escribe en tu diario lo que sentiste y lo que notaste.

Esto es lo que significa sentir la energía de tu SÍ, de tu voluntad y de tus deseos. Así es como te sientes al escuchar a tu cuerpo y tomar en serio sus anhelos.

Cuando estaba soltera, usaba esta visualización para aclarar mis PAE. Esto es lo que quería para mí:

Pura alegría: Que se lo pase genial en cualquier parte, tenga grandes amistades, priorice la risa y sea una persona creativa en su forma de andar por el mundo. Que baile o cante en cualquier momento sin dudarlo. Quería sentirme cuidada, reconocida y celebrada.

Resiliencia: Ha vivido cosas difíciles, ha crecido a partir de ellas, es una persona reflexiva y agradecida por todo lo aprendido y el crecimiento personal que eso le ha acarreado. Sabe equilibrar *tanto* lo complicado *como* lo alegre, es alguien fuerte y sabio. Quería sentir que estábamos creciendo y avanzando juntos.

Generosidad y compasión: Da prioridad a la gente que le rodea, da lo que puede, se sienta con aquel que está solo y le apasiona hacer del mundo un lugar más amable. Le encanta la idea de mostrar generosidad y apoyo en una relación romántica. Quería sentir que formaba parte de algo, que compartíamos la misma pasión por ayudar a los demás.

Después de hacer este trabajo, tuve claro lo que quería y cómo quería sentirme en la relación adecuada. Utilicé esa claridad para escoger citas que se alinearan con mis PAE, y cuando perdía la esperanza, salía en busca de pequeños indicios de que mis PAE realmente existían. Cuando los encontraba, decía con gratitud: «¡Gracias, quiero más, por favor!» con tal de reunir pruebas de que lo que quería era posible (ahondaré más sobre esto en el capítulo 8). Estaba segura de que, cuando llegara la relación adecuada, lo sabría gracias al nivel de claridad que había adquirido respecto a mis deseos. Cuando conocí a mi futuro esposo, Chris, y tuvimos nuestra primera cita, sentí lo que quería sentir. Así supe que él era la persona con quien quería compartir mi vida. Tú también puedes, y esto es solo el comienzo.

TAREA PARA EMPEZAR A LIARLA:
Exploremos tus PAE

Ponte esa música que te hace sentir increíble y sigue estos pasos. Recuerda, avanzar de forma desordenada es mejor que no avanzar en absoluto. Empecemos.

1. Enumera tus Preferencias logísticas (es decir, cosas que se pueden medir en datos):
   - Rango de edad
   - Rango de altura
   - Preferencia en cuanto a tipos de cuerpo
   - Lugares de residencia preferidos
   - Deseo de tener hijos
   - Preferencia en cuanto a religiones (si aplica)
   - Preferencia en cuanto al nivel educativo
   - Preferencia en cuanto a carreras profesionales
   - Intereses ideales
   - Preferencias en cuanto al manejo del dinero (¿cómo lo gestiona?)
   - Los puntos no negociables y el porqué

2. Profundiza. Para cada Preferencia logística, pregúntate lo siguiente:
   - ¿Por qué quiero esta Preferencia logística? (Ejemplo: Quiero a alguien de este rango de edad porque quiero sentirme comprendida y en la misma etapa vital.)
   - ¿Cómo me gustaría sentirme con esta preferencia?

IDENTIFICA LOS RASGOS DE PERSONALIDAD Y VALORES QUE TE INTERESAN

Enumera *todos* los rasgos de personalidad y valores que te interesan. Aunque pienses: «¡Dios, quiero demasiado!», no existe tal cosa como pedir demasiado. Suéltate y escribe lo que quieras. Puedes preguntarte:

1. ¿Qué rasgos de personalidad quieres que tenga tu futura pareja?
2. ¿Qué valores quieres que tenga tu futura pareja?

Respecto a cada rasgo de personalidad y valor, pregúntate:

3. ¿Qué significa esta palabra para mí?
4. ¿Qué cosas le importan a alguien que es ___________?
5. ¿Cómo esperas sentirte con alguien que es ___________?

Luego, reduce tu lista a tres o cinco palabras clave que representen los temas principales que se encuentran detrás de los rasgos de personalidad y valores que deseas. Desde ahí, puedes crear una definición única de esas palabras y frases. Una vez definidas, se convertirán en tu propia definición, viva y en constante crecimiento.

Aquí tienes algunos ejemplos increíbles de Preferencias alineadas con la esencia de clientes que te pueden ayudar a inspirarte.

Una persona con una gran capacidad de conectar y sentir empatía: Alguien capaz de conectar consigo mismo y con los demás desde un lugar honesto, libre y afectuoso. Una persona que es consciente de sus propias limitaciones y prejuicios, y lo trabaja en terapia. Alguien que vive de acuerdo a sus valores feministas con transparencia, calidez y curiosidad hacia sí mismo y hacia los demás.

Un *nerd* apasionado: Un curioso innato sobre el mundo y quienes lo habitan, siempre está explorando y aprendiendo cosas nuevas. Deja que sus pasiones le lleven a viajar, hacer nuevas amistades y tener conversaciones profundas. Busca siempre el disfrute en sus aficiones, su trabajo y en su día a día.

Una persona que tiene una confianza sólida en sí misma: Una persona que confía en sí misma y en su pareja. Económicamente estable, autosuficiente y dedicada a su bienestar personal. Comprometida con el crecimiento mutuo, tanto a nivel individual como en nuestra evolución compartida como pareja.

Mira a tu alrededor y busca personas que ya cumplan con tus PAE, y di «¡Gracias, quiero, por favor!» para empezar a adquirir la certeza de que lo que buscas ya está ahí fuera. Lo tienes todo para lograrlo. ¡A por ello!

5

Conviértete en tu propia *matchmaker*: «Hay que ser selectiva, colega»

«¿Qué te ha hecho feliz últimamente?»

Ella se detuvo en seco, me lanzó una mirada tajante y dijo: «Vaya, tengo que subir al escenario en breve, pero me gustaría que nos viéramos más tarde para hablar de esto».

Vaya, pensé, *aquí hay algo.*

Estaba charlando con una periodista famosa en la *Gilmore Girls Fan Fest* (también conocida como *GG Fest*), en ese entonces yo era una *matchmaker* y acababa de lanzar mi empresa de *coaching*, Date Brazen. Esta pregunta es mi favorita por dos razones:

1. Enseguida da a entender a mis clientas que soy una persona que se interesa de verdad por ellas y por lo que les hace feliz.
2. Y también me permite ver quién es la otra persona. ¿Están realmente dispuestos a abrirse? ¿Saben qué les hace felices? ¿Están dispuestas a cuestionárselo?

Después de moderar su panel, esta periodista me buscó entre la multitud en la *GG Fest.* Me contestó diciendo que jugar con sus sobrinos en su tiempo libre la semana pasada la había hecho muy feliz.

Luego me devolvió la pregunta.

Mi respuesta fue mi nuevo negocio, Date Brazen, donde ayudo a mujeres de todo el mundo a prosperar en sus vidas amorosas (tenía que mencionarlo, por supuesto).

Esta pregunta me ha transformado.

La llamo una Pregunta de Selección/Descarte (Pregunta de S/D). Tengo cientos de ellas, y las fui recopilando mientras organizaba un sinfín de citas como *matchmaker* profesional. Vamos a usarlas para que te conviertas en tu propia *matchmaker* feminista de la leche. Estas preguntas te permitirán tomar el control y descubrir si alguien encaja contigo en menos tiempo del que te imaginas.

La pregunta «¿qué te hace feliz?» reflejaba que era una persona memorable y capaz de establecer una conexión. Al igual que en este escenario tan profesional de *networking* de *Gilmore Girls*, estas preguntas de S/D te harán destacar para las personas *adecuadas* en tu vida amorosa. Hacer estas preguntas también implica recibir una respuesta. Una de las maneras más poderosas de librarte de conversaciones insustanciales y agotadoras con las personas equivocadas es escuchar dicha respuesta. Como bien lo dijo la Dra. Maya Angelou: «Cuando alguien te muestra quién es, créetelo desde el minuto uno».

Así te liberarás de charlas aburridas o de conversaciones eternas dignas de amigos lejanos que se cartean con gente a la que nunca conocerás en persona. No hay nada que me fastidie más que las conversaciones «sin rumbo».

«¿Qué tal ha ido el finde? ¡Qué perro tan mono! Qué viaje tan guay». Puf.

Las convenciones sociales dicen que es recomendable tener una conversación ligera la primera vez que hablamos con una cita potencial. Pero estamos aquí para mandar esas convenciones A LA MIERDA.

Estás aquí para encontrar a la persona adecuada para ti y disfrutar del proceso. No estás aquí para tener mil charlas superficiales sobre el tiempo o tus planes del finde. Y el objetivo tampoco es ir a cien primeras, segundas o terceras citas con gente con la que no tienes nada en común.

Estás leyendo este libro e invirtiendo en tu vida amorosa porque quieres algo real, que te nutra el alma, que sea recíproco, sexy y lleno de risas, algo extraordinario. Esta es una invitación a decir lo que quieres y ser intensamente clara al respecto. Para eso sirven estas preguntas de S/D.

Te aseguro que, si no estás utilizando estas Preguntas de Selección/Descarte, no te estás valorando como corresponde. No estás siendo lo suficientemente selectiva con las personas con las que sales (o, al menos, no con la fuerza suficiente). Y sé que en medio de todo esto, está el miedo.

Mi teoría es que ya has lidiado con ese miedo a decir algo inadecuado. Como respuesta, has intentado convertirte en «la persona ideal» para todo el mundo o le has dado oportunidades a prácticamente cualquiera. El resultado es que acabas por no atraer a nadie o atrayendo a la gente equivocada. Quizá tienes la sensación de que «tu radar está estropeado». Puede que no confíes en tu capacidad para juzgar si alguien es o no una buena opción para ti.

Estas cosas no son fáciles. Las citas son un microcosmos de todas nuestras esperanzas, sueños, miedos, inseguridades y deseos como seres humanos. Es algo vital para tu bienestar general. Lo repito a menudo porque es fácil olvidarlo.

Está esa convención social absurda que sugiere que preocuparse tanto por tu vida amorosa es una frivolidad. También están esas creencias de «ocurrirá cuando menos lo esperes» o «deja de esforzarte tanto y la persona indicada te encontrará a ti». Probablemente te enseñaron que tu deseo se huele a kilómetros en una cita, que la otra persona lo percibirá y se apartará. O, peor aún, que acabes pensando que tienes algún defecto irreparable y *por eso* sigues soltera.

Estas ideas son profundamente dañinas y sexistas. Nos dicen a las mujeres que tener deseos nos vuelve menos atractivas. Es una fórmula perfecta para que las mujeres se repriman y oculten quiénes son y lo que realmente desean.

Este capítulo te invita a plantarte, a ocupar tu espacio, a pedir lo que quieres con firmeza y a hacer preguntas que permitan a los demás verte y mostrarse tal y como son.

LAS PREGUNTAS QUE ESTABAS ESPERANDO

La clave para encontrar algo más está en usar estas Preguntas de Selección/Descarte en cada momento de tu vida amorosa. En unas pocas páginas, podrás crear una lista de preguntas de lo más útiles que te ayudarán a saber exactamente con quién seguir hablando, a quién invitar a salir y a quién descartar inmediatamente.

Déjame contarte cómo creé este sistema mágico.

Como *matchmaker* profesional, tuve miles de llamadas con potenciales candidatos para mis clientes y creé este sistema para filtrar a todas esas personas de manera intencionada. La verdad es que había demasiada gente, y esta es una de las razones por las que sé que hay alguien genial esperándote ahí fuera. En tu ciudad hay muchísimas personas que aún no conoces, que están solteras o a punto de estarlo.

La gran historia detrás de cómo conseguí tantas citas para mis clientes sucedió de la siguiente manera: la empresa tenía una base de datos, y nuestro trabajo era llenarla de personas solteras (principalmente hombres cis heterosexuales) de literalmente cualquier sitio imaginable. Luego les organizábamos citas con nuestras clientas. No todos los servicios de citas funcionan así, pero en el lugar donde trabajaba yo, la mayoría de las clientas eran mujeres buscando hombres.

Si estaba en un restaurante y veía a un chico atractivo en la mesa de al lado, iba directamente y le decía algo así como: «Oye, mira, tú eres un encanto y yo soy una *matchmaker*. ¿Te gustaría que te organizara una cita?».

Una vez fui a una fiesta de un amigo, llevé el portátil y registré a todos los hombres solteros de la fiesta en nuestra base de datos. Chris, quien sería mi futuro marido, fue uno de ellos. Me pagaban treinta dólares por inscripción, y cada chico recibía una cita como compensación.

Estaba en todas y cada una de las aplicaciones y páginas de citas existentes para el bien de mi empresa, con todas las versiones de pago, y por eso sé que esas opciones no valen la pena, algo de lo que hablaré en el capítulo 6. Básicamente, mi trabajo consistía en embaucar un poco a los hombres para que hablaran conmigo, contarles que era *matchmaker* y luego charlar con ellos por teléfono para ver si podían ser buenos candidatos para mis clientas.

En el transcurso de unos tres años, hice más de mil llamadas telefónicas a posibles candidatos para mis clientas. Después del primer año de organizar citas bastante malas, ideé mi sistema de Preguntas de Selección/Descarte para averiguar en los primeros cinco minutos si esa persona era adecuada o no. Mi tasa de éxito para encontrar buenas parejas se disparó. En esta agencia de citas, el «éxito» se medía en función de si la persona deseaba una segunda cita o no.

Cuando uses este sistema por tu cuenta, guiada por tu propio criterio e instinto, descubrirás que puedes conseguir un éxito mucho mayor que el de simplemente obtener una segunda cita. Te voy a dar un ejemplo de cómo funciona este sistema de S/D en la práctica.

Mi clienta quería encontrar a alguien gracioso y que compartiera su humor inteligente y mordaz (piensa en *Waiting for Guffman*, de Christopher Guest). Además, era feminista y quería a alguien con esos mismos valores. En cuanto a las Preferencias alineadas con la esencia, deseaba sentirse aceptada, segura emocionalmente y establecer una conexión profunda. Para ella, esto se reflejaría en la capacidad de ambos para reírse juntos durante una cita. Así que, para evaluar a los posibles candidatos, les hacía esta pregunta de S/D: «¿Qué es lo que más te ha hecho reír últimamente?».

Algunos hombres respondían: «Me gusta mirar viejos capítulos de *The Office*, que todavía me hace reír. Y mi familia es bastante divertida también. El fin de semana pasado estuvimos juntos y mi hermano, bla, bla, bla...». (A decir verdad, después de tantas llamadas, ahí es cuando mi mente empezaba a desconectar).

Bien, así que le gustan los falsos documentales, tiene sentido del humor, un toque sarcástico, y le va el humor ligeramente provocador. Excelente. Además, parece que valora pasar tiempo con su familia. Genial. Sin embargo, algunas de estas conversaciones se convertían en auténticas pesadillas, en las que me daba cuenta de inmediato de que esa persona no debería estar en el mundo de las citas, sino en terapia.

A uno de estos hombres, llamémosle Craig, le hice la pregunta de «¿Qué es lo que más te ha hecho reír últimamente?». Se quedó un momento pensando y luego dijo: «El fin de semana estuve en un barco con mis amigos y mi hijo, y de repente pasó un barco lleno de mujeres gordas en bikini. Les dije a todos: "¿Los caballeros las prefieren gordas?", y todos se partieron de risa».

Me dieron ganas de vomitar. Qué tipo tan problemático y desagradable.

Con esta pregunta tan simple, sin ninguna intención oculta, este hombre me mostró (a mí, que apenas me conocía) que, además de gordófobo, era cruel, distante y que, aparentemente, le estaba enseñando a su hijo a comportarse de la misma manera. Su sentido del humor podía describirse como «cosificación y degradación de las mujeres», así que, obviamente, no compartía los valores feministas de mi clienta. Era un no rotundo para ella (y un no rotundo para el bien de la humanidad). Lamentablemente, este tipo de situaciones ocurrían con bastante frecuencia.

Como mujer con curvas, antes solía sentir mucha vergüenza a causa de mi tamaño y mi atractivo potencial. Era una vergüenza interiorizada tras años de ver a cientos de mujeres de talla grande en la tele cumpliendo el papel de «mejor amiga», escuchar a familiares criticar sus cuerpos, asistir a reuniones de *la dieta de los puntos* con catorce años y tragarme toda esa basura de los batidos de reemplazo y la generación *SlimFast.*

Muchas veces, cuando tenía estas conversaciones con hombres desde mi rol de *matchmaker*, acababa dudando de si lo que quería era realmente posible. Pensaba que ser amada tal y como era estaba vetado para mí. Si esta historia te ha removido algo o te parece que confirma tus miedos sobre todos los hombres o personas solteras (es decir, «No hay solteros que valgan la pena, y esta historia no hace más que confirmarlo»), te invito a que le des un par de vueltas. Probablemente, tu experiencia te ha dado muchas «pruebas de que lo que deseas no es posible».

Habrá muchas personas que no sean las adecuadas para ti, y eso es algo positivo.

No eres para todo el mundo, eres para un grupo reducido de personas.

Esta verdad se me ocurrió mientras intentaba construir mi negocio. Estaba escuchando un pódcast con Seth Godin, un genio del *marketing*, donde hablaba sobre cómo los emprendedores suelen intentar dirigirse a demasiadas personas a la vez, y terminan sin conectar con nadie. ¿Y por qué intentamos abarcar a tantas personas a la vez? Por miedo a no atraer a nadie. Así que lanzamos una red demasiado grande.

¿Te suena familiar?

Esto me pasaba al principio de Date Brazen: «¡Ven y habla conmigo si eres un ser humano soltero! ¿*Porfi*?».

Me sentía desesperada, igual que en mi vida amorosa. En mi primer año con esta estrategia, solo tuve una clienta. (Gracias al cielo era una persona fantástica). Entonces escuché a Seth, ese hombre brillante, calvo y con gafas, hablar de algo llamado «público mínimo viable», y mi vida cambió.

En lugar de intentar llegar a todo el mundo, Seth decía que el secreto de un negocio increíble es definir un grupo reducido de personas que sean adecuadas para ti y dedicarles toda tu energía y tiempo.

¡Hay que ser selectiva, colega! Dejé de hablarle a todo el mundo y me dediqué a hablarle específicamente a mujeres solteras que se identificaran como feministas interseccionales. Me centré en mujeres solteras que quisieran desafiar la cultura de citas patriarcal, que supieran que estaban completas, con o sin pareja, y que quisieran encontrar el amor, experimentar alegría y vivir dicho proceso con valentía.

Ese año mi negocio creció exponencialmente, y por fin encontré las palabras para explicar por qué las Preguntas de Selección/Descarte son tan poderosas.

Son una expresión de tu «público mínimo viable» (es decir, tus Preferencias alineadas con la esencia). Estas preguntas te ayudan a encontrar a las personas *adecuadas* para ti. Insisto: no eres para todo el mundo, eres para un grupo reducido de personas.

Con este sistema, las personas que te ignoran, no quieren otra cita o dan respuestas espantosas a tus preguntas de Selección/Descarte se autoexcluyen de tu público mínimo viable (o sea, de ese grupo reducido de gente que realmente conecta contigo).

Y esto es algo positivo, porque si empiezas a ver a las personas disponibles para tener citas de esta forma, te darás cuenta de que son demasiados como para que te involucres en profundidad con cada uno de ellos.

Si te preocupa descartar a alguien que pudiera llegar a ser «la persona indicada», piensa en esto: imagina que vas a una fiesta rave en Brooklyn (yo pasé de ese ambiente después de que una pistola de pintura me explotara en la cara, pero en fin). La fiesta está *llena* de personas solteras interesantes. Hay miles de ellas.

Al entrar, sabes que solo podrás hablar con el 1 o 2 % antes de acabar agotada y querer irte a casa. Tu cuerpo y tu mente te harán notar instintivamente con quién quieres tener una conversación, en función de la atracción que sientas, de cómo se expresan y tratan a los demás.

Después de hacerles una pregunta, su respuesta te dirá si deseas seguir conversando o no. Este es el poder de tu «público mínimo viable» y de tus preguntas de S/D.

Para quienes sientan cierta ansiedad de rechazar a la «persona adecuada», os diré esto: si realmente era la «persona adecuada», tarde o temprano llegará a tu vida por otro medio, o bien aparecerá otra «persona adecuada». Puede que te la cruces en una cafetería o en una aplicación de citas. Incluso podría presentártela un amigo y, entonces, vuestra historia de amor dará comienzo.

Nota al margen: no creo en «la persona ideal». Creo que existen muchas personas increíbles con las que podrías elegir compartir tu vida. Y lo digo como una persona felizmente casada con el ser humano más maravilloso del mundo. Chris y yo todavía nos sorprendemos de cómo nos conocimos, de poder elegirnos cada día y de lo felices que somos juntos. Aun así, si no nos hubiéramos conocido, estoy segura de que ambos habríamos encontrado a otras personas y tenido historias de amor distintas.

Preocuparte por perder a «la persona ideal» es limitar tu poder de decisión. Es asumir que tu felicidad y conexión solo pueden darse a través de una única oportunidad con una persona en concreto. Creo que el mundo está demasiado lleno de magia y posibilidades como para que eso sea verdad.

La magia de las preguntas de S/D no está en esperar una respuesta concreta, sino en ver cómo interpretan la pregunta y responden a ella.

Si lo que buscas es a alguien que valore la alegría en su vida diaria y le preguntas: «¿Qué es lo que más feliz te hace en este momento?» y responde: «Nada», ¡pum! Sabes que esa persona no es para ti. Deséale lo mejor y sigue adelante.

Si a la misma pregunta alguien responde: «Acabo de darme una caminata espectacular», o «Aunque las cosas estén complicadas en el trabajo, me está encantando ir a escalar cuando termino», o «Estoy volviendo a ver *Parks and Recreation*, ¡qué gran serie!», entonces sabes que esa persona:

1. sabe qué le hace feliz,
2. está dispuesta a responder a una pregunta más profunda, y
3. cumple, al menos, en un nivel inicial, con lo que estás buscando.

Sí, hay niveles. Los mensajes, llamadas o incluso las primeras citas solo te permiten conocer a alguien hasta cierto punto. Me gusta pensar en el proceso de conocer a un potencial interés romántico en términos de Nivel 1, 2, 3, y más.

Que alguien dé la respuesta *perfecta* a tu Pregunta de S/D no significa automáticamente que vaya a ser tu pareja ideal. Simplemente tienes información de Nivel 1 de que encaja con lo que buscas. Ahora es el momento de pasar a los Niveles 2, 3 y 4 de conocimiento: una primera cita, una experiencia compartida o, en el futuro, conocer a sus amigos.

Ojo con las coincidencias que parecen perfectas «en teoría» pero no transmiten lo mismo en persona. Por eso es fundamental seguir haciendo preguntas, dejarte llevar por lo que despierta tu interés y escalar más niveles de información a través de distintas vías de comunicación.

A continuación, verás una lista de mis Preguntas de Selección/Descarte, organizadas según las Preferencias alineadas con la esencia a las que creo que corresponden. Se pueden combinar.

Y, como no creo que se pueda decir algo inadecuado a la persona adecuada, puedes usarlas en cualquier momento. ¡Solo asegúrate de elegir las que realmente conecten *contigo*!

PREGUNTAS PARA SABER SI LE GUSTA LA AVENTURA

- ¿Cuál es el próximo viaje que tienes planeado?
- ¿Qué es lo que más te gusta de viajar?
- ¿Qué viaje o aventura te hizo sentir más agradecido?

Advertencia: Al evaluar su «espíritu aventurero», ten cuidado con las conversaciones superficiales sobre viajes. Hablar de estos puede ser una trampa y hacer que te quedes solo con lo superficial. Intenta profundizar más.

PREGUNTAS PARA SABER SI ES FEMINISTA

- ¿Qué líderes te inspiran y por qué?
- ¿Qué has leído últimamente?
- Si tuvieras un millón de dólares para donar, ¿a qué causas lo destinarías?

PREGUNTAS PARA SABER SI QUIERE ESTAR EN UNA RELACIÓN

- ¿Qué buscas en tu vida amorosa?
- ¿Qué esperas conseguir de tu vida amorosa?
- ¿Cómo te gustaría que fuese tu vida en unos años?
- ¿Qué te gustaría generar en tu vida este año?

PREGUNTAS PARA SABER SI ES UNA PERSONA QUE VALORA PASAR TIEMPO EN FAMILIA

- ¿Qué miembro de tu familia te hace reír más?
- ¿Qué es lo que más feliz te hace en este momento? (Esto les da la oportunidad de hablar de las conexiones importantes de su vida, si es que eso les hace felices).
- ¿Qué es lo que más te gusta de las vacaciones?

PREGUNTAS PARA SABER SI ES UNA PERSONA INDEPENDIENTE EN EL ASPECTO FINANCIERO

- ¿Cuáles son tus metas o deseos para este año?
- ¿Qué tipo de viajes te gusta hacer?
- ¿Qué proyectos vitales tienes este año?
- ¿En qué te gusta gastar el dinero?

PREGUNTAS PARA SABER SI CULTIVA UNA MENTALIDAD DE CRECIMIENTO PERSONAL

- ¿Qué es lo que más te gusta de ti mismo?
- ¿En qué aspectos de tu vida estás trabajando?
- ¿Cuál es el mejor consejo que te han dado últimamente?
- ¿Cuál es tu libro favorito? ¿Me lo recomendarías?
- ¿Quién es la persona que más te inspira últimamente?
- ¿Cuál es tu actividad de autocuidado favorita?
- ¿Qué objetivo has alcanzado este año que te haga sentir orgullo?

PREGUNTAS PARA SABER SI ES UNA PERSONA CURIOSA/INTELIGENTE

- ¿Has aprendido algo nuevo que te entusiasme?
- ¿Cómo sería un sábado ideal para ti?
- ¿Qué es lo que realmente te apasiona?
- ¿Qué es lo que más te gusta de ti mismo?
- ¿Hay alguna actividad poco común que te guste hacer en la ciudad?
- ¿Sobre qué tema podrías hablar durante horas?

PREGUNTAS PARA SABER SI ES UNA PERSONA DE MENTE ABIERTA

- ¿Has aprendido algo nuevo que te entusiasme?
- ¿Cuál es la opinión impopular que más te gusta?
- ¿En qué aspectos de tu vida estás trabajando?
- ¿Sobre qué tema podrías hablar durante horas?

PREGUNTAS PARA SABER SI ES OPTIMISTA

- ¿Qué te ha hecho feliz últimamente?
- ¿Qué es lo que más te ha hecho reír últimamente?
- ¿Qué te gustaría que sucediera esta semana/año?
- ¿Qué te hace sentir esperanza?

PREGUNTAS PARA SABER SI ES UNA PERSONA SOCIABLE

- ¿Qué es lo que más feliz te hace en este momento?
- ¿Qué te gusta hacer para divertirte?
- ¿Quién es la persona que más te inspira últimamente?
- ¿Qué haces para cargar pilas?

PREGUNTAS PARA SABER SI ES UNA PERSONA CONSCIENTE DE SÍ MISMA

- ¿Qué rol cumples en tu grupo de amigos (organizador, bromista, etc.)?
- ¿En qué aspectos de tu vida estás trabajando?
- ¿Qué es lo que más feliz te hace en este momento?
- ¿Qué significa el equilibrio para ti?
- ¿Qué es lo que más admiras en una persona?

Elegir entre tres y cinco Preguntas de Selección/Descarte te ayudará a saber si alguien encaja con tus Preferencias alineadas con la esencia. Así podrás filtrar rápidamente y no perder el tiempo con aquellas personas que no son adecuadas para ti. Estas preguntas te ayudarán a mantener el rumbo y evitar que te pierdas con el entusiasmo de una nueva conexión, sin perder de vista tus PAE. En cualquier caso, una nueva conexión puede seguir siendo divertida, espontánea y con sus dosis necesarias de flirteo. *Además,* tienes la oportunidad de hacer preguntas importantes como: «¿Qué estás buscando cuando tienes una cita?» para ver si alguien es adecuado para ti (¡o no!) y ahorrarte mucho tiempo y energía emocional.

Algunas de estas preguntas de Selección/Descarte son bastante directas y algo intensas. Usa solo las que te convenzan.

Libérate del miedo a decir algo inadecuado a la persona adecuada. No tengas miedo de «ser demasiado intensa» para esa persona especial. Recuerda, ¡esa persona también está buscándote a ti!

TAREA PARA EMPEZAR A LIARLA:
Escoge tus Preguntas de Selección y Descarte

Para elegir las preguntas de S/D que más te sirvan, repasa tus Preferencias alineadas con la esencia del capítulo 4. Luego, pregúntate cuáles de estas preguntas de S/D te pueden ayudar a ver si alguien tiene las cualidades que buscas. ¿Cuál sería tu respuesta ideal?

Estas preguntas serán la base de tu nueva estrategia para chatear, para conocer gente, tanto en línea como en persona, y también para establecer tus límites futuros.

Escoge tus preguntas favoritas y reduce la lista a tres como mínimo y cinco como máximo. Colócalas en algún lugar visible, como una nota en la nevera o en tu móvil. Empieza a hacer estas preguntas y, cuando escuches una respuesta que coincida con tus Preferencias alineadas con la esencia, di: «Gracias, ¡quiero más, por favor!». Así confirmas que puedes tener lo que deseas y que lo que deseas existe.

¡Tú puedes! ¡Manos a la obra!

6

El lejano oeste de las citas *online*

Odio todas las apps de citas por igual. Son un invento tóxico de los «tech bros» que te hacen creer que «el amor está a un *swipe* de distancia». Te convencen de que tener citas será una mierda solo hasta que encuentres a la persona adecuada, ¡cosa que sucederá en cualquier momento si pasas cada minuto de tu vida en la app!

Además, una app de citas no es el lugar más cómodo ni seguro del mundo si eres mujer, queer o trans. Puede ser un terreno de juego caótico lleno de actitudes misóginas, racistas, homófobas y tránsfobas. No hay datos certeros acerca de cuántas personas han recibido fotos íntimas no solicitadas, pero por lo que cuentan mis amigos y clientes, incluso por experiencia propia, sé que son muchas.

La lista de fundadores de las principales apps de citas parece un compendio de fraternidades de Silicon Valley, con Whitney Wolfe Herd, fundadora y CEO de Bumble, como la gran excepción.

¿Por qué las apps de citas están tan impregnadas de basura patriarcal? Solo tienes que fijarte en su intención original: Que no pares de jugar a su juego para que su empresa gane dinero, su cotización en bolsa se mantenga alta y sus accionistas estén felices.

En el documental *Swiped* de 2018, Jonathan Badeen, cofundador y exdirector de estrategia de Tinder, confirmó alegremente el elemento adictivo e intencionado de estas apps de citas al decir: «Nuestra aplicación incorpora elementos propios de los juegos, haciendo que mediante su uso, tengas la sensación de ir recibiendo recompensas. Es una experiencia parecida a la de una máquina tragaperras: te intriga descubrir quién será la próxima persona en aparecer o si tendrás la suerte de llegar a la pantalla de "¡Es un match!". Es como una pequeña dosis de adrenalina».

Uff.

La cultura de las apps de citas no es más que un reflejo de la sociedad en la que vivimos, aún dominada por los hombres, así que no es de extrañar que se den comportamientos inapropiados e incluso, en algunos casos, ilegales.

Ahora, pongámonos en el papel de abogado del diablo. A pesar de tener múltiples defectos, las apps de citas y las citas *online* en general *pueden ser* una herramienta útil para conocer a tu persona especial. Este capítulo está para ayudarte a deslizar como la feminista poderosa que eres, ganarle al juego, recuperar el poder de manos de los «tech bros» y usar las citas *online* a tu favor.

Cuando era *matchmaker*, me pasaba cientos de horas deslizando en todas las apps para encontrar posibles citas para mis clientes (¡de verdad que eso era el lejano oeste!). Al hacerlo, aprendí cómo funcionan las apps de citas a fondo, descubrí los secretos del algoritmo y ahora estoy aquí para contártelo todo. Vi de cerca cuántas personas realmente buscan el amor *online* y no solo aventuras pasajeras (que también pueden ser divertidas, no emitiré juicios al respecto). *Pero* también comprobé que las apps de citas están lejos de ser la única solución para encontrar el amor.

Según un estudio de Pew Research realizado en 2023, solo el 24 % de los adultos gays, bisexuales, lesbianas y heterosexuales menores de treinta años conocieron a su pareja a través de una app. Entre los heterosexuales mayores de treinta, la cifra desciende todavía más: solo el 10 % encontró pareja *online*. Entonces, ¿qué sentido tiene usarlas si la «tasa de éxito» es tan baja?

Solo hay dos razones para usar una app de citas:

1. Ampliar tu círculo, conocer gente nueva y fortalecer tus habilidades sociales. Quién sabe, puede que ahí esté tu persona ideal (¡si sigues mi estrategia, claro!).
2. Descubrir acerca de tu propia personalidad en el contexto de las citas. Esta es la parte más importante. Se trata de entender qué te atrae, qué te incomoda (y por qué), cómo pedir con seguridad tus Preferencias alineadas con la esencia y cómo poner límites.

En resumen, una app de citas es el lugar perfecto para practicar el ser valiente y clara con lo que realmente deseas. También puede convertirse en un espacio donde vivir de acuerdo a tus valores feministas sin sentirte culpable. Pedir lo que quieres, en voz alta y de manera consistente, siguiendo mi estrategia para navegar las apps de citas, te llevará a tener más oportunidades, mejores citas y más control sobre tu vida, lo cual también puede llevarte a conocer a la persona adecuada.

ENTRAR CON LOS OJOS BIEN ABIERTOS

Es posible que las principales apps de citas *online* hayan cambiado cuando este libro caiga en tus manos, pero el rollo seguirá siendo el mismo. De eso se trataba el vídeo que me hizo viral en redes sociales por primera vez. Llevaba unos cinco años en el negocio y acababa de meterme en TikTok. En ese momento tenía unos ochocientos seguidores, hasta que publiqué un vídeo hablando de que las apps de citas son un fraude.

Después de casi dos millones de visualizaciones, decenas de miles de seguidores nuevos, docenas de solicitudes de prensa y un contrato para escribir un libro, entendí que este mensaje debía compartirse.

Ahí va la verdad incómoda: gracias a los tentadores mensajes de *marketing*, como «diseñada para ser eliminada», los usuarios han caído en la trampa de creer que las apps de citas realmente buscan ayudarte a encontrar el amor. Pero si eso fuera cierto, los accionistas de estas empresas no estarían tan contentos. (Todos los grandes nombres de apps de citas cotizan en la Bolsa de Nueva York, casi todos a través de Match Group, la jefa suprema).

El secreto que estas empresas no quieren que sepas es que te ofrecen lo justo para que vuelvas, pero no lo suficiente como para que *realmente* encuentres a la persona adecuada y te olvides de la app, como ocurre con las patatas fritas de McDonald's. ¿Sabías que, según la *ciencia*, las patatas de McDonald's liberan dopamina en el cerebro, es decir, el mismo neurotransmisor que nos da placer? ¿Cómo lo logran? Bueno, las fríen y sazonan, claro. Pero también las cubren con dextrosa, que vendría a ser como un tipo de azúcar. La investigación demuestra que la dextrosa es increíblemente adictiva, y por eso, nada más zamparte un Menú XXL, ya estás deseando pedirte otro.

Un estudio realizado por W. Schultz, P. Dayan y P. R. Montague del Instituto de Fisiología en Suiza arrojó que la liberación de dopamina aumenta en función de la expectativa de la recompensa, es decir, a través de los *matches* y mensajes que es a lo que la app busca que te enganches (y no a la recompensa real, que sería una buena cita o una relación).

Básicamente, esto significa que tu cerebro empieza a premiarte por acumular *matches* y mensajes como si fueran «la prueba» de que el amor que deseas está a punto de surgir, recompensas equivalentes a mi obsesión por acumular los juguetes del *Happy Meal* de McDonald's. Creía que juntar todos esos muñecos me acercaba a una versión «ideal» de mí misma, aquella «yo» que tenía toda la colección. ¿Por qué me obsesionaban esas Barbies diminutas, frágiles y de aspecto cutre que venían en mis *Happy Meals*? Todo fue obra del *marketing*. Lo mismo sucede con las apps de citas: sus equipos de *marketing* trabajan día y noche para hacernos creer que estas recompensas insignificantes son la solución.

Todo el mundo sabe lo mal que funcionan las apps de citas, pero nadie sabe cómo abordar el tema. Así que aquí podrás ver exactamente cómo usarlas a tu favor.

Además, quiero añadir una advertencia especial para mujeres racializadas: si estáis leyendo este libro, quiero que tengáis el apoyo adicional que merecéis. Porque el mundo de las citas, especialmente *online*, está lleno de basura supremacista blanca y patriarcal que dificulta el proceso de encontrar el amor. Y quiero que, como lectora, te des permiso para encontrar el amor de una manera que ponga tu bienestar en primer lugar y contribuya a tu propia liberación.

En su libro *The Dating Divide* (2021), las investigadoras Celeste Vaughan Curington, Jennifer H. Lundquist y Ken-Hou Lin señalan: «Diversos estudios han demostrado que las personas negras viven una experiencia particularmente distinta en el mundo de las citas *online*, ya que hombres y mujeres no negros suelen ser menos receptivos a los mensajes de hombres y mujeres negros». Su investigación también muestra la discriminación y fetichización masculina hacia las personas asiáticas y latinas.

Varias de mis clientas que son mujeres racializadas me han comentado que el mundo de las citas *online* les resulta casi imposible de abordar. Por un lado, quieren estar en las apps con tal de usar todas las herramientas disponibles y dar con la persona adecuada, pero, por otro, es difícil seguir adelante cuando reciben menos *matches* y mensajes, y cuando lidian con micro y macroagresiones, en ocasiones, diarias.

Esto no quiere decir que no puedas encontrar el amor *online* con las herramientas que comparto en este capítulo (y en todo el libro). Muchas de mis clientas han encontrado el amor después de adoptar la mentalidad y la estrategia que enseño entre estas páginas. Mereces todo el apoyo adicional que necesites en tu camino hacia el amor.

Hago hincapié en esto porque, además de las herramientas y consejos de este capítulo, las citas *online* requieren que establezcas límites aún más sólidos para proteger tu tiempo y tu corazón. Hacer *swipe* y priorizarte no son conceptos excluyentes. Puedes apoyarte cada vez más en tu comunidad. Esto implica cuidar de ti misma, priorizar tus necesidades y confiar en tus Preguntas de Selección/Descarte. Las Preferencias alineadas con la esencia son aún más importantes para tu bienestar mientras buscas citas *online*. Escribe tu propio plan de autocuidado. Date permiso para establecer los límites necesarios para proteger tu corazón. No estás sola y lo que quieres es perfectamente posible.

Así que, ¡vamos a ello!

PRIMER PASO: ELIGE *UNA* HERRAMIENTA

Usa una sola app, no hay que perder el tiempo. Ya te estoy oyendo protestar: «Pero, Lily, ¿y si *todas las personas* que leen tu libro siguen tu consejo y eligen solo una app? Entonces *nunca* conoceré a la persona adecuada porque cada uno estará en una app diferente».

Si todo el mundo leyera este libro, el mundo de las citas sería muchísimo más divertido, auténtico y, en definitiva, sexy. Además, en reiteradas ocasiones he observado que, cuando sabes cuáles son tus PAE y las expresas en voz alta y de manera constante, encuentras a la persona adecuada.

El problema es que la mayoría de estas apps se basan en alimentar un comportamiento impulsivo que surge de la mentalidad de escasez. Eso se nota cuando usas las apps de citas mientras te domina el *FOMO* (miedo a perderte algo). No es culpa tuya; las apps están diseñadas como máquinas tragaperras, pensadas para que sigas deslizando en busca de las tres cerezas. Este tipo de conducta lleva a usar todas las apps, acabar agotado, eliminarlas y decir «¡nunca más!», hasta que tu amiga conoce a su pareja en una app, y tú vuelves a descargarla.

Este tipo de comportamiento impulsivo se ve cuando coges el móvil cada diez minutos para ver si tienes nuevos *matches*. También se ve cuando aceptas *matches* y mensajes que sabes que no te convencen del todo, solo porque prefieres hablar con alguien «por si acaso». (¡Aunque en el fondo sabes perfectamente que no es para ti!)

Si la persona indicada para ti está en Tinder y tú en Bumble, acabaréis encontrándoos en una cafetería. Repito: es una herramienta, no la única manera de conocer a tu persona ideal.

Además, no existe «la app de citas perfecta». Muchas de mis clientas piensan algo así como: «Me han dicho que debería estar en eHarmony porque allí están los que van en serio», o «Debería usar The League porque allí encuentras a gente con un nivel académico alto». Lamento ser yo quien te lo diga, pero todos estos «debería» se basan en campañas de *marketing* muy bien pensadas. Claro que puede haber testimonios que respalden ese mensaje, pero créeme, después de haber trabajado con todas las apps de citas, sé a ciencia cierta que la gente es gente y la gente está en las apps de citas.

Es hora de actuar como si no existiera el error.

Escoge la app que más te guste (o que menos odies). Algunos factores a tener en cuenta: ¿Te gusta el diseño y los colores de la interfaz? (En serio, si el color rojo te provoca ansiedad y ver una llamita animada te altera, tenlo en cuenta y elige otra app). Las apps de citas pueden ser bastante estresantes de por sí, así que intenta que la experiencia sea lo más llevadera posible. Tu cerebro te lo agradecerá.

No elijas una app de nicho. Escoge una que tenga un número significativo de usuarios en tu zona para maximizar tus probabilidades de éxito respecto al tiempo que dediques a hacer *swipe*. No dejes que tus amistades que dicen «Yo conocí a mi pareja en Hinge, ¡*tienes* que usarla!» te condicionen. La gente puede conocerse en cualquier lugar, cualquier día. Así que, mejor evita el agobio y elige la app que te haga comerte menos la cabeza.

Mi clienta Catherine había descargado todas las apps de citas que existen. La mayoría acumulaba polvo en una carpeta oculta de su iPhone. Iba saltando entre ellas, tanteando cada plataforma, hasta que al final se cansaba y desanimaba por la falta de mensajes y *matches*.

Lo que se decía a sí misma era: «Si nadie quiere estar conmigo en *ninguna* de estas apps, el problema debe ser mío, así que voy a apuntarme a todas para demostrar lo contrario».

No fue hasta que hicimos este trabajo que Catherine se dio cuenta de que, en realidad, estaba distrayéndose con todas esas apps porque, por un lado, se había vuelto adicta (al fin y al cabo, es lo que estas apps buscan) y, por otro, sentía un miedo profundo a quedarse sola, lo que la llevaba a hacer demasiaaaadas cosas a la vez. Catherine se estaba castigando a sí misma con tanto deslizar, y ese conformismo la estaba llevando a sentir una gran angustia existencial en el terreno de las citas.

Hicimos el *detox* de citas del capítulo 1 y, después de esta pausa consciente, eligió la *única* app de citas que se adaptaba a su personalidad. Se sentía algo inquieta («¿Y si mi persona ideal está en Tinder y no en Bumble?»). Recuerda que la persona adecuada aparecerá. Una app de citas no define tu éxito. Pero finalmente pudo concentrar su energía. Y, al usar esa única app con mi estrategia de *swipe* intencional, comenzó a atraer *matches* y citas que, por primera vez, se alineaban con sus preferencias.

Escoge una app y sigue adelante.

SEGUNDO PASO: ELIGE LA DESCRIPCIÓN MÁS JUGOSA PARA TU PERFIL

El perfil que crees en la plataforma de citas debe ser lo más ingenioso posible, con la dosis justa de humor y un estilo que casi parezca obra de un guionista de *Saturday Night Live.* Esos ciento cincuenta caracteres tienen que ser los más «interesantes» que jamás hayas escrito. De lo contrario, olvídate de encontrar pareja, pringada.

Es broma. Pero si eso es lo que piensas, tenemos que hablar.

Entre líneas, esa mentalidad encierra una creencia común en todos mis clientes: «Hay tanta gente aquí que es imposible que yo destaque, y si no destaco, no conoceré a nadie. Y si no conozco a nadie, terminaré sola, como una vieja solterona, y mis gatos acabarán comiéndome; esas cosas pasan. Búscalo en Internet».

Este torbellino de pensamientos me recuerda a un libro que leí de niña, que empezaba así: «Si le das una galleta a un ratón, te pedirá un vaso de leche». Ese ratón desata un caos en su casa porque una simple galleta le abre un mundo de necesidades infinitas, y cada vez va pidiendo más cosas por haberse comido la galleta.

Lo mismo sucede con el perfil de tu app de citas. Si partes de la creencia de que tienes que «destacar» o «llamar la atención» siendo alguien diferente a quien realmente eres, te sumergirás en un bucle de frases artificiales para poner en tu perfil, te agobiarás y acabarás actuando desde la ansiedad.

Lo que hace que tu perfil sea magnético para la gente adecuada eres tú.

Tu versión más esencial, tu versión más apasionada y honesta es la que atraerá a las personas correctas hacia ti. No se trata de manipular las respuestas para sonar más interesante.

La verdadera pregunta aquí es: «¿Hasta qué punto te permites ser honesta?»

Tampoco hace falta que te muestres «*chill*» en tu perfil. En un episodio del podcast *Las Culturistas* con Bowen Yang y Matt Rogers (#SoyLectora), la invitada Jenny Slate dijo algo genial sobre el concepto de estar «*chill*». Observó que probablemente haya sido un hombre quien haya inventado el concepto, buscando que las mujeres se callaran. ¡He aquí el patriarcado misógino!

Vamos a ser honestas. Si estás leyendo este libro, especialmente si tienes un subrayador y dos bolígrafos de colores, no creo que estés muy «*chill*» ahora mismo. Si eres como yo, eres intensa, luchadora, tienes opiniones fuertes, eres ambiciosa y tienes muchísimas cosas de las que estar orgullosa, aprovechemos esa intensidad en tu perfil.

Nota al margen: Por eso *no* recomiendo que tu grupo de amigas «rediseñe» tu perfil. El comité siempre termina creando algo que es menos tú y más ellas.

¿Recuerdas tus PAE y tus preguntas de S/D? Son total y completamente tuyas. Ellas harán que destaques ante las personas adecuadas. Usémoslas para inspirar tu perfil, atraer a quienes realmente encajan contigo y filtrar al resto.

Antes de descargar la app de tu elección, vamos a preparar tu perfil y tus fotos. Abre un documento de Google o coge una hoja de papel, y manos a la obra.

Primer paso: Responde a tus propias preguntas de S/D. Si has elegido «¿Qué te ha hecho feliz últimamente?», responde de manera honesta y extensa.

Aplica una dosis de energía de «¡qué demonios!» y deja salir a tu *verdadero yo*.

Victoria estaba atascada con su descripción. Quería que fuera «perfecta». El perfeccionismo es como las arenas movedizas. Te hunde y te paraliza mientras intentas descubrir cuál es el siguiente paso «correcto». Entonces le pedí que respondiera a mi Pregunta de S/D favorita: «¿Qué te ha hecho feliz últimamente?»

Dijo: «El fútbol femenino. Pero mencionar eso en el perfil es aburrido».

«¿En serio?», le dije. «Cuéntame qué es lo que más te gusta de esa actividad».

Y entonces habló durante cinco minutos seguidos sobre las jugadoras, la equidad salarial, las finales, cómo disfruta los partidos con su familia y cómo viaja por el mundo para ver a estas mujeres jugar.

«Espera», le dije. «Tienes que poner esto en tu perfil».

Tu alegría, tu pasión, por muy específica o «rara» que sea, será interesante y contagiosa para la persona adecuada. Mencionar tus pasiones e intereses en tu perfil es la clave para que la persona correcta perciba tu vitalidad. No es que Victoria necesitara a alguien tan fanática del fútbol femenino como ella (aunque eso sería genial). Mostrarte *tal como eres* en tu perfil hace que la persona adecuada pueda conectar con tu alegría.

Segundo paso: En cada respuesta a tus preguntas de S/D, marca o haz un círculo alrededor de los temas importantes que vayan apareciendo. Pregúntate: «¿Qué cosas realmente *me* representan y reflejan *mi* esencia?» Esa será la información que querrás añadir a la descripción de tu perfil.

En el caso de Victoria, uno de los temas principales que subrayó fue el fútbol femenino, los viajes y su gran amor por cada centímetro del campo de juego.

Tercer paso: Busca en Google referencias de cómo son las descripciones de los perfiles de la app de citas que has escogido. Habla de aquello que refleje tu esencia, de lo que te apasiona, de lo que es importante para ti y de los valores que tienes y que buscas en otra persona.

En el caso de Victoria, así fue como transformó su respuesta a «¿Qué te ha hecho feliz últimamente?» en esta bio de su perfil:

> **No puedo dejar de hablar de...** The Washington Spirit. Su camino hacia el título, la disputa por la propiedad del club, la maravilla del fútbol femenino y el talento de las jugadoras. Espero verlas en acción este año en el Audi Field con mi familia.

Esto es lo que esa descripción transmite a la persona adecuada: Victoria es una persona apasionada. Es una fan comprometida, invierte su tiempo, energía y dinero en sus pasiones. Está muy unida a su familia. Van juntos a los partidos. Está al tanto de los dramas, especialmente la pelea por la propiedad del club. Básicamente es como un episodio de *Ted Lasso* en la vida real. Este tema será perfecto para mantener una buena conversación con la persona adecuada. Hablar con gente apasionada es divertido y puede llevar a generar conexiones profundas.

Otra manera de crear una buena bio para tu perfil es usando tus preguntas de S/D. Mi clienta Willa también utilizó sus PAE (alguien que se trata a sí mismo y a los demás con compasión, que quiere hacer del mundo un lugar mejor y que es coherente en su forma de comunicarse), las alineó con unas preguntas de S/D de lo más potentes, y ¡bam! Lo incluyó directamente en la descripción de su perfil en la app de citas.

> **Para conquistarme...** cuéntame tu rutina de autocuidado, sé consistente a la hora de comunicarte y comparte aquello que enciende tu pasión.

Tu perfil no tiene por qué ser súper serio solo porque esté pensado con intención (a menos que seas una persona muy seria y eso sea lo que quieres mostrar). También puedes mezclar el «nivel alto» y el «nivel bajo» en tu perfil. Normalmente, este concepto se usa para hablar de cultura: el nivel alto sería ir a la ópera; el nivel bajo, ver *The Real Housewives*. Ambas son actividades estupendas y ambas pasiones pueden convivir en una misma persona, como llevar un cinturón Gucci con una camiseta de Old Navy.

Otra clienta, Tiffany, llevó este concepto de «alto/bajo» a otro nivel: compartió su pasión por *The Bachelor* y también incluyó algunas palabras acerca de su interés por el derecho al voto en la misma frase. Increíble.

La señal que indica que la cita es buena... es que la conversación salte de un tema a otro. Esto puede incluir: nuestras familias, el mejor sitio de comida china para llevar en Washington DC, las locuras de *The Bachelor* y la ampliación del derecho al voto.

Y a continuación, lo que no debes hacer, extraído del primer borrador del perfil de mi clienta Lucy:

Un viaje que hice recientemente... fue a la playa y fue precioso. ¡Me encanta estar cerca del mar!

Esto no decía nada sobre las PAE de Lucy, salvo, quizá, que le gusta viajar. Hablar de viajes en el perfil de la app de citas es aburrido, *a menos que* cuentes por qué te interesa viajar, qué tipo de viajes haces, por qué, con quién, y cómo sueles vivir esos preciados viajes.

Aquí tienes la misma frase transformada de manera bonita e intencionada:

> **Un dato curioso que me encanta es...** En diferentes momentos del año, el océano se transforma en un resplandor de luz gracias a la bioluminiscencia del plancton; es impresionante, es como una Aurora Boreal marina.

¡Esta respuesta nos dice muchísimo sobre Lucy! Demuestra que cuando viaja, le gusta aprender cosas nuevas y recoger datos curiosos que la emocionan, especialmente cuando está de vacaciones. ¿Ves cuánto más vívida y específica es esta descripción en comparación con un simple «me fui de viaje»?

Aquí tienes un ejemplo de cómo otra clienta, Steph, incluyó sus valores feministas en su bio de perfil:

Déjame un mensaje si… Te va la idea de:
1. Una estadounidense con ligero acento sureño, 2. Un toque místico y aire de brujilla (un rollo Stevie Nicks), y 3. Compartir valores feministas sin tapujos.

La última pieza clave para un perfil perfecto es mencionar explícitamente lo que buscas. Muchas mujeres con las que trabajo dudan en hacerlo. «Si digo que quiero una relación, ¿espantaré a la gente? ¿Es demasiado directo, demasiado pronto? ¿Y si ahuyento a la persona adecuada?»

Ese temor proviene de una mentalidad de escasez y de un gran deseo de encontrar pareja. Es como si asumieras que algo que vayas a decir pudiera echar a perder tus oportunidades con la persona adecuada. Voy a dejarlo bien claro:

Es imposible que digas algo inadecuado a la persona adecuada.

La persona adecuada para ti *también* está buscando una relación. Así que pide lo que quieres. Lo peor que puede pasar es que alguien se asuste y se aparte porque buscas algo serio. ¡Y eso está bien! Porque quiere decir que esa persona no era la adecuada en cualquier caso.

Aquí tienes algunos ejemplos de respuestas honestas y con carácter para «¿Qué estás buscando?»

Estoy buscando…

«La pareja adecuada con quien vivir la vida a tope, codo con codo.

Y, si es posible, hacer senderismo y recorrer los seis continentes juntos».

«Una pareja que disfrute de una tarde en el museo Whitney (y me deje leer todas las descripciones), pero que también se anime a una escapada mochilera. Es cuestión de saber equilibrar ambas cosas».

«Una pareja que me haga sentir como en casa donde sea que estemos. Que disfrute de la complicidad, las charlas profundas, explorar el mundo y de tumbarse en el sofá».

Vamos a ser realistas: habrá mucha gente que no leerá tu perfil, y no pasa nada.

Hay miles de usuarios en las apps de citas, y muchos solo eligen según las fotos, lo cual es una pena.

El objetivo de tener un perfil bien trabajado no es filtrar automáticamente a todos los que no son para ti. De todas formas, las personas adecuadas sí leerán tu perfil. Por eso vas a desarrollar una estrategia sólida para enviar mensajes que te ayuden a atraer a quienes encajan contigo y descartar a los que no, sobre todo a aquellos que no tienen tus mismas intenciones.

TERCER PASO: DALE AMOR A TUS FOTOS

Si esto te pone algo nerviosa, tranquila, no eres la única. Cuando yo estaba metida en el mundo de las citas, el tema de las fotos me inquietaba y me generaba muchísima ansiedad. «¿Soy suficientemente atractiva? No me veo como a las demás mujeres, así que no tendré *matches*».

Para mis clientas, esta suele ser la parte más complicada. Cuando se trata de nuestra imagen, de cómo nos perciben los demás y de nuestro aspecto, es normal que aparezcan pensamientos y emociones, porque nuestro cerebro tiende a comparar; busca la seguridad. Es algo completamente normal.

Como dice Chrissy King en su libro *The Body Liberation Project*: «La realidad es esta: puedes preocuparte toda la vida por el aspecto de tu cuerpo y permitir que eso empañe tus logros, estropee tus éxitos y apague tus experiencias. Pero ya sea por una pandemia, una enfermedad crónica, un cambio de estilo de vida, dar a luz o simplemente el proceso natural de envejecer, nuestros cuerpos van a seguir cambiando. Fueron diseñados para ello. Es inevitable».

No dejes que los pensamientos sobre tu aspecto te impidan perseguir lo que deseas.

Si esta parte de las citas *online* te resulta difícil, prueba esto: Considera los pensamientos negativos sobre tu imagen y apariencia. En lugar de intentar superar esos pensamientos con positivismo tóxico (lo cual es imposible), identifica cómo te sientes con tu cuerpo y muestra un poco de autocompasión. Esa autocompasión podría sonar como: «Este es un pensamiento muy duro y no un hecho. Estoy aquí, a tu lado». El objetivo podría ser acercarte a una postura de neutralidad, si es posible. Eso podría sonar como: «Quizá la persona adecuada estará encantada de verme y de conocerme».

Dicho esto, realmente creo que mereces salir en las fotos, aquí y ahora, tal como eres en este momento. Mereces que te vean. ¡Así que vamos a ello!

Aquí tienes la receta para una excelente selección de fotos para tu perfil, en el orden que recomiendo:

- Una foto de cerca con una sonrisa alegre (como primera foto de tu perfil).
- Una o dos fotos donde se te vea feliz.
- Una foto de cuerpo entero.
- Una foto haciendo algo que te guste.
- Una foto de algún viaje.

- Una o dos fotos profesionales (opcional si te encanta tu trabajo).

Si no tienes buenas fotos de ti, ha llegado el momento de hacer algo muy valiente. Pídele una cita a un amigo. Lleva dos o tres conjuntos que te encanten y pídele que capture tu alegría durante el día. He hecho muchas sesiones de fotos y este es el secreto: por cada foto increíble, hay entre cincuenta y cien fotos meh (o simplemente raras). No te rindas. Haz algo que de verdad te haga feliz, puede ser un *brunch* con amigos, una clase de baile, saltar en una cama elástica o comer tarta. Que tu amigo saque fotos todo el tiempo.

Los únicos dos requisitos para estas fotos son:

Debes estar genuinamente feliz. No intentes parecer otra persona. Tú solo diviértete y que tu amigo lo documente todo.

Debes ser la estrella de la foto. Está bien incluir una foto en grupo (máximo tres personas) si claramente tú eres el centro de atención. Esto significa que estás en el centro y destacas. También implica evitar fotos de eventos importantes para otras personas, como la boda o el compromiso de un amigo.

Creo que no hace falta decirlo, pero no pongas fotos de niños. Si tienes hijos, puedes mencionarlo en la descripción del perfil. Si es el hijo de tu hermana o el primo de alguien, puede llevar a confusión. Que el perfil solamente ponga el foco sobre ti.

Valórate muchísimo en cada paso que des. Lo estás dando todo por tus deseos, en todos los sentidos. Este es un trabajo muy difícil pero merece mucho la pena y te va a dar grandes resultados.

CUARTO PASO: ESTABLECE TUS LÍMITES

Quiero que tengas menos *matches* porque quiero *evitar* esto: Que tengas ocho u ochenta mensajes en tu bandeja de entrada y, al verlos en la app de citas, te entren ganas de llorar, la borres y no la mires nunca más. Que después de tres horas deslizando para un lado y el otro, ya no sepas ni quién es quién. Que te sientas desbordada, agotada y quemada, pero sigas forzándote a continuar.

Menos *matches*, pero de mayor calidad, significa menos agobio en tu vida amorosa. Gran parte de la saturación, frustración y ansiedad que provocan las citas viene de tener demasiadas opciones y pocas cosas claras. ¿Qué paso debo dar a continuación? ¿Debería borrar el *match* o darle otra oportunidad?

Te mereces contar con un conjunto claro de límites en tu vida amorosa para cuidar tu «tiempo del corazón».

Defino el «tiempo del corazón» como cualquier momento en el que estés pensando en citas, hablando de citas o en una cita.

Como a muchas mujeres que conozco, a mí también me costó muchísimo poner límites en mi vida amorosa. Me enseñaron que mis necesidades no eran tan importantes como las de quienes me rodean.

Los límites, especialmente en mi vida sentimental, tuvieron que basarse en una nueva creencia que apenas estaba empezando a surgir: ¿Y si mis necesidades fueran igual de importantes que las de los demás? ¿Y si mis necesidades, al ser las únicas que puedo satisfacer, fueran las que más debo atender?

¿Cómo te sentirías llevando una vida amorosa en la que trataras tus necesidades y deseos como si importaran tanto como los de cualquier otra persona? ¿Cómo te tratarías?

Los límites te permitirán desenvolverte con mucha soltura en las apps de citas, defenderte sin titubeos y atraer a las personas adecuadas (y alejar a las que no lo son). Los límites son tan simples como esto: ser clara es ser amable; ser ambigua, no.

Estos son los límites que necesitas para combatir la sobrecarga mental:

No actives las notificaciones

No las necesitas. Según un estudio de 2023 publicado en el *International Journal of Environmental Research and Public Health* sobre el «Uso de apps de citas y bienestar», «la cantidad de notificaciones recibidas puede afectar el bienestar de los usuarios... ya que muchas notificaciones pueden hacerles sentir sobrecargados y reducir su bienestar, provocando fatiga y deterioro de la autoestima».

Los *matches* en las apps de citas son, básicamente, desconocidos; no necesitan (ni merecen) una respuesta inmediata. Quienes esperan una respuesta inmediata son adictos a las apps de citas, y se nota. Déjalos ir.

Debes saber cuándo dejar de hacer *swipe*

Es decir: entender cuándo es el momento de dejar la app por el día.

El *match* adecuado no está esperando a que sigas deslizando un minuto más. Si te riges por esa idea, te sentirás agotada constantemente. Recomiendo dedicar unos veinte minutos al día a la app, incluyendo hacer *swipe* y chatear. Pon una alarma y, cuando suene, cierra la app hasta el día siguiente. Para convertir esto en un hábito, haz algo que te guste después.

Ponte cómoda para hacer *swipe*

Evita hacer *swipe* en el ascensor del trabajo o en la cama justo antes de dormir. Un esfuerzo intencionado da resultados intencionados. Usa la app solo cuando te sientas despierta, relajada y concentrada (mejor aún si estás de buen humor).

Te recomiendo escribir durante cinco minutos antes de empezar a hacer *swipe*. Quizá podrías hacer el ejercicio de las «veinte cosas en dos minutos» que te enseñé en el capítulo 3.

Sentirte cómoda al hacer *swipe* también implica que muestres autocompasión después de la sesión. No dejes que la frustración, el cansancio o la desesperanza se acumulen sin abordarlos. Las apps de citas ponen los nervios de punta a cualquiera. Así que ponte cómoda y cuídate bien después de cada sesión.

Despídete y déjalos ir

Tienes todo el derecho a despedir y dejar ir a cualquier persona, en cualquier momento y por cualquier motivo. No le debes a nadie ni una conversación, ni tu tiempo en una app. Punto final.

Despedirse y dejar ir puede ser eliminar un *match*, enviar un mensaje claro de «no siento una conexión contigo, pero te deseo lo mejor», terminar con alguien o bloquear su número. Básicamente, se trata de proteger tu paz sin juzgarte.

Aquí tienes una breve lista de personas a quienes recomiendo despedir y dejar ir en una app de citas:

El muro de piedra. Cualquier persona que no te devuelva las preguntas. No cargues tú con toda la conversación. Llevar el peso de las preguntas en una conversación es un desgaste emocional innecesario. La persona adecuada sabrá mantener un diálogo de ida y vuelta.

Ígor, el negativo. Basado en Ígor, el personaje de Winnie-the-Pooh, que cuando alguien le dice: «buenos días, Ígor», responde: «si es que es un buen día, cosa que dudo». En una app de citas, esto equivale a cuando preguntas «¿qué te ha hecho feliz últimamente?» y responden «Nada, todo va mal». Aplica la regla anterior. Esta persona hace lo que puede y, con todo el respeto, quizá necesite terapia en lugar de una cita.

La persona más intensa de la historia. Es básicamente alguien que te bombardea de amor. Según el Diccionario de *Oxford Languages*, «el bombardeo de amor es el acto de colmar a alguien de atención o afecto, especialmente para influir o manipularle». También son personas demasiado efusivas en sus expresiones de amor o atracción. Si la conversación te hace sentir incómoda o incluso insegura emocionalmente, despídete y déjalo ir.

El amigo virtual. Esta persona no tiene intención de ir a ningún lado. Se pasa la vida chateando. Puede que la charla sea muy divertida y sientas esperanzas sobre una posible conexión, pero si no toma la iniciativa o no responde a la tuya tras una conversación sustanciosa, probablemente esté solo (o en una relación) y busque a alguien con quien hablar.
Despídete y déjalo ir.

Puedes simplemente borrar el *match* o, si lo prefieres, enviar mi mensaje favorito de «despídete y déjalo ir»: «¡Hola! Gracias por la charla. No estoy sintiendo una conexión romántica, pero te deseo lo mejor».

Cuando llegas a tu punto límite

Básicamente, aporta o aparta. Sé clara contigo misma y no malgastes tiempo dudando. Esto ocurre después de una determinada cantidad de días o mensajes intercambiados, momento en el que, o bien le propones quedar, o decides dejarlo (¡o ambas!).

Generalmente recomiendo chatear entre tres y cinco días, con un máximo de una semana y media antes de decidir si vas a despedirte y dejarlo ir o si prefieres dar el primer paso de forma segura.

Da el primer paso con seguridad

Si la persona con la que estás chateando no te propone una cita cuando alcanzas tu punto límite, ahí va una sugerencia: cocrear la conexión.

No es lo mismo que forzar. Forzar sería proponer una cita, confirmar el plan, elegir el sitio, hacer la reserva, pactar los detalles el mismo día y llegar quince minutos antes. Micromanejar una cita de esta forma nace de un deseo real de que funcione. Pero también refleja una falta de confianza en que la persona adecuada podrá cocrear una conexión o estará dispuesta a contribuir emocionalmente para fomentar la conexión. Mereces a alguien que esté poniendo el mismo empeño que tú.

Para dar el primer paso con seguridad, podrías decir algo como: «Me encanta chatear contigo, ¿te gustaría llevar esto al mundo real?»

Si responde con algo decidido como: «¡Claro! Me encantaría que nos viéramos, ¿qué tal el martes o el miércoles?», ¡maravilloso, está cocreando!

Pero si te responde algo vago como: «sí, suena bien, deja que mire mi agenda», y nunca vuelve a decir nada, despídete y déjalo ir.

Deshazte de la idea de que un *match* o un mensaje en particular quieren decir algo sobre ti o tu futuro en el amor. Es un falso indicador. En su lugar, pon el foco en lo mucho que te valoras, cómo defiendes tus necesidades, tus PAE y tus límites.

CÓMO DAR PIE A LAS MEJORES CONVERSACIONES EN LÍNEA

Comienza con la pregunta de S/D que más te guste. No gastes energía emocional innecesaria intentando crear un mensaje personalizado para cada persona con la que hables. En mi caso, lo hacía porque creía que debía «captar» la atención de los demás para destacar.

La pregunta «¿Qué te ha hecho feliz últimamente?» motivó muchísimo a Mark a contestar. Ellie, una clienta mía, acababa de salir de una relación de ocho años que no la hacía feliz.

Estaba lista para conocer a alguien, pero la idea de ligar en línea le generaba cierta inquietud. Con estas herramientas y su plan, decidió intentarlo y acabó haciendo *match* con Mark. Cuando le hizo esta pregunta de S/D, él respondió hablando de su sobrina (punto a favor: le encanta pasar tiempo en familia). Después, él le devolvió la misma pregunta. Incluso antes de la primera cita, ya habían establecido una conexión más profunda. En su primer encuentro, él le comentó lo refrescante que fue recibir una pregunta tan interesante desde el principio. Al día de hoy, están casados.

Las preguntas de S/D son mágicas. Sirven para empezar una conversación, atraen a quienes buscan algo profundo y descartan a quienes no buscan una conversación o conexión auténtica.

TÚ ERES LA CEO DE TU VIDA AMOROSA

A la mierda mis reglas. Puede que suene contradictorio después de todo lo dicho en este capítulo, pero confía en mí. Mis recomendaciones están respaldadas por mi experiencia trabajando con cientos de personas de todo el mundo, y sé que este método funciona.

Sin embargo, tú eres única. Tienes tu propia perspectiva y experiencia. Este capítulo es una cocreación. Mi conocimiento se combina con el tuyo. Porque, al final de este libro, quiero que confíes en ti y en tu intuición más que en cualquier otro plan que alguien pueda tener para ti.

Tómate mis recomendaciones como parte de un experimento bien planteado. Observa lo que necesitas y cómo responde tu mente. Algunas de mis clientas han adaptado mi plan de mil maneras distintas según lo que su cuerpo y mente les piden. Algunas solo hacen *swipe* diez minutos al día o tienen dos apps de citas. Para mí, lo más importante es que pongas límites y atiendas tus propias necesidades. De eso se trata tener poder de decisión.

No quiero que cedas el control de tu vida amorosa a ninguna *coach*, autora, *influencer*, ni siquiera a tu madre o terapeuta.

Es como ser becaria en lugar de CEO.

La becaria sigue a su mentora para que le diga qué hacer, a dónde ir y qué aprender. Puede que la mentora colabore, pero sigue siendo una relación en la que ella sabe más, y tú tienes que aprender *su* manera de hacer las cosas.

La becaria pregunta cosas como: «¿Lo he hecho bien?» o «¿Por qué esto no funciona?»

Son preguntas poco elaboradas, que dan a entender que no tienes la respuesta. También dan a entender que hay algo que «arreglar».

Cuando eres la CEO de tu vida amorosa, sabes lo que quieres. Una CEO ha logrado cosas increíbles a lo largo de los años y ahora quiere expandirse en un área en particular. Una CEO sabe que el crecimiento es fundamental para su éxito presente y futuro. Entiende que crecer no quiere decir que haya fallado o que haya algo que necesite arreglo.

Una CEO se plantea preguntas importantes como: «¿Qué oportunidad se está abriendo para mí?», «¿Qué habilidades necesito desarrollar para llegar a donde quiero?» o «¿Qué es lo que más concuerda conmigo?»

¿Qué hace una CEO? Busca a una consultora (alguien como yo) para que la acompañe en esta etapa. Yo comparto mis recomendaciones y los pasos a seguir, y después tú los llevas a cabo con decisión y confianza.

Ya tienes todas las herramientas que necesitas para lanzarte al mundo de las citas *online* con una confianza arrolladora. ¡A por ello!

TAREA PARA EMPEZAR A LIARLA:
¡Buscar citas *online* con confianza!

1. Elige qué recurso para buscar citas *online* quieres probar con esta nueva mentalidad. No hay respuestas incorrectas y siempre puedes cambiar de idea. Empieza con la app o *web* que más te convenza (o que menos te desagrade).
2. Utiliza las preguntas de S/D que elegiste en el capítulo 5 para crear tu perfil en la app.
3. Crea tu perfil usando tus PAE y Preguntas de S/D como inspiración para ser auténtica y expresar exactamente lo que buscas. Recuerda, no hace falta que seas la «más ocurrente» o la «más *chill*». La persona adecuada quiere conocerte tal y como eres.
4. Escoge fotos que transmitan alegría, que reflejen *quién eres* y que cumplan con los criterios de este capítulo.
5. Desactiva las notificaciones y establece tu tiempo máximo de permanencia en la app, tu mensaje de «despídete y déjalo ir» y tus límites para hacer *swipe*.
6. Define una fecha para retomar tu vida sentimental *online*.
7. ¡Y *empieza*! Haz el ejercicio de «Veinte cosas en dos minutos» del capítulo 3 para motivarte antes de empezar a hacer *swipe*.
8. ¡Felicítate! ¡Ya estás en ello! Sigue, lo estás haciendo de maravilla. Estoy aquí para apoyarte mientras avanzas en este camino apasionante y caótico. Sé que este proceso dará lugar a la vida amorosa y alegre que te cagas que mereces. ¡Sigamos avanzando!

7

Ligar en persona con Energía de protagonista

Esta es mi parte favorita del libro, donde procedo a recordarte el arte olvidado de ligar en persona.

Aquí es donde pones en práctica todas esas habilidades valientes de narices que has estado aprendiendo. Ahora tendrás la oportunidad de combinarlas con un increíble Espresso Martini, que disfrutarás junto a la piscina con el caftán de seda más espectacular, relajada, y en compañía de una persona atractiva a la que tú misma has invitado a salir.

¿Te haces una idea? Ligar en persona requiere que despliegues toda tu «Energía de protagonista».

Esta energía no es algo fijo ni es igual para todos. No es algo que algunos tienen y otros no. Después de haber asesorado a cientos de personas, puedo asegurarte que es una habilidad que se puede aprender. Es una manera de encarnar tu autenticidad. Es lanzarte, cometer errores y priorizarte con convicción.

Ligar en persona implica abrirse y volverse extremadamente vulnerable. Al menos en las citas *online* tienes una pantalla que te separa del otro en los momentos incómodos. Puedes dejar el móvil. En cambio, cuando ligas en persona, estás expuesta a olores, sonidos y rarezas humanas, y te arriesgas a que te rechacen. Es dificilísimo. Para superar esa dificultad, la Energía de protagonista nos recuerda una de mis frases favoritas de Amy

Poehler: «No puedes quedar como una tonta si te lo estás pasando bien».

Al terminar este capítulo, no solo sabrás exactamente cómo ligar en persona, sino que te lo pasarás bien haciéndolo. Pedir lo que deseas, coquetear con alguien guapo en un bar o incluso mantener la mirada a un desconocido atractivo en la calle pueden ser experiencias divertidas.

Así que, ¡vamos a ello!

Nota importante: para mis amigos queer y trans que estén leyendo esto, sé que, en este mundo de mierda en el que vivimos, puede que no sea seguro poner en práctica lo que recomiendo en este capítulo. Por eso he incluido estrategias para tener citas en persona que dependen de tu red de personas de confianza en lugar de las apps de citas (si quieres darte un respiro del mundo *online*). Toma lo que te sirva y deja lo que no.

Conocer a alguien en persona puede sonar a algo casi mítico, algo que les ocurre a otros pero no a ti. Constantemente veo cómo la gente pone excusas para no ligar en persona, diciendo cosas como: «*Nunca* me han invitado a salir cara a cara. Si no ha pasado hasta ahora, no pasará jamás».

O: «A donde quiera que vaya, parece que nunca hay gente con la que quiera salir o que quiera salir conmigo. Hoy en día, las apps son la única forma de conocer gente».

O: «Me paralizo solo de pensar en acercarme a alguien», y terminas creyendo que es el otro quien tiene que dar el primer paso para demostrar que le interesas. Este es un mecanismo de protección que acaba creando una barrera. Te impide aprovechar las oportunidades de dar un primer paso con confianza, uno que podría llevarte a encontrar el amor de tu vida.

Como te conté en el capítulo anterior, la realidad es que solo entre un diez y un veinticuatro por ciento de solteros encontraron a su pareja en línea en 2023 (según un estudio de Pew Research de ese año). Conocer a una pareja increíble en persona es posible.

Y no necesitas un escudo protector *online* cuando posees las habilidades que te da la Energía de protagonista.

LA MENTALIDAD DE LA ENERGÍA DE PROTAGONISTA

La Energía de protagonista tiene tres principios clave.

Primer principio: Darte permiso

Si te rondan pensamientos en la cabeza del estilo de: «Ligar en persona no es para mí. Jamás me ha pasado, ¿por qué me iba a pasar ahora?», necesitas respirar hondo y darte una buena dosis de permiso.

Tienes permiso para equivocarte en lo que ahora crees que es o no es posible. Tienes permiso para no tener todas las respuestas en este momento. Tienes permiso para probar algo distinto.

Tienes permiso para actuar de manera imperfecta y algo caótica.

Concédete ese permiso para ligar en persona y, en realidad, para todo lo que te coloque en posición de atraer y construir la relación que mereces. Eso quiere decir que tienes el poder de decidir. Puedes darte permiso para querer lo que quieres, invitar a salir a alguien que te gusta, despedir y dejar ir a las personas inadecuadas con determinación y hacer una pregunta de S/D a una persona encantadora que conozcas en una fiesta. Aunque eso te haga cagarte de miedo, tienes permiso para hacerlo (aunque, espero, no llegues al extremo de perder el control de tus esfínteres).

Darte permiso sin restricciones te permitirá conectar con las personas adecuadas cara a cara. Escríbelo ahora mismo, quizá suene como: «Me doy permiso para aprender a conocer gente en persona, aunque no lo haga perfecto, lo cual está bien. Me permito ser audaz porque mis deseos lo merecen. Me doy permiso para confiar en que la persona adecuada también me anda buscando».

Segundo principio: Fortalece la confianza en ti misma

Seamos realistas: tienes una gran intuición. Da igual que a veces hable con más fuerza que otras, está ahí. Lo que le falta a la mayoría de la gente, especialmente en términos amorosos y después de años de decepciones y comienzos fallidos, es la habilidad de actuar según esa intuición.

Quizá estás en un concierto de jazz y el baterista no deja de mirarte. Notas vibras de coqueteo y una voz en tu interior dice: «¡Ve! ¡Salúdale! ¡Dale tu número!». Pero, en lugar de eso, cuando termina el concierto, evitas el contacto visual, pides la cuenta y te marchas a toda prisa.

Existen montones de razones para no escuchar ni seguir tu intuición. Quizá te enseñaron a no confiar en ti misma. Quizá estás superando un trauma y apenas comienzas a reconectar con esa vocecita interior. En este mundo patriarcal, racista, homófobo, tránsfobo y capacitista en el que nos educaron, probablemente te dijeron que debías depositar tu confianza en alguien o algo con más poder, sabiduría o privilegios.

Por eso es tan increíblemente difícil fortalecer la confianza en uno mismo.

Siempre que hablo de autoconfianza en la vida amorosa, alguien acaba diciendo: «Pero, Lily, ¡confié en mí y acabé en una relación desastrosa!» o «Nunca he tenido una relación; ¿cómo voy a confiar en mí cuando se trata de amor?». La autoconfianza parece algo de gran importancia para la mayoría de la gente, y es lógico. Eres la única persona con la que naces y con la que mueres. Quieres confiar en que eres capaz de llevar el timón en la dirección correcta. Detrás de la mayoría de esas preguntas repletas de ansiedad, veo la suposición de que la autoconfianza es una cuestión de todo o nada. O la tienes o no. O te enseñaron a confiar en ti o no. O eres de fiar o no lo eres. A estas alturas ya sabes lo que opino sobre la dicotomía de «esto o aquello» (no me gusta para nada).

En *Daring Greatly*, Brené Brown describe el acto de fortalecer la confianza de esta forma: «La confianza es fruto de la vulnerabilidad, crece con el tiempo y requiere trabajo, atención y dedicación plena. No es un gran gesto, sino una colección de pequeños momentos que va creciendo poco a poco». Creo que se puede decir lo mismo respecto a fortalecer la autoconfianza en tu vida amorosa y en la toma de decisiones. Se construye a través de pequeños momentos, paso a paso, elección tras elección.

Tener intuición, escuchar a tu cuerpo y tomar decisiones imperfectas y ligeramente caóticas es parte de fortalecer la autoconfianza. La práctica hace al maestro. Pero, para crear una vida amorosa plena, sobre todo en persona, necesitas aprender esta habilidad.

Una de mis reflexiones favoritas es: *Estoy en el camino correcto cuando confío en mí.* ¿Cómo sería tu vida amorosa si de verdad sintieras que esa frase es cierta?

Tercer principio: Da el gran paso

Es el momento de agarrar ese permiso y la confianza en ti misma que has ido cultivando y atreverte a hacer algo extraordinario. Este paso final de la Energía de protagonista implica lanzarse a hacer lo que tienes en mente. Mi manera preferida de hacerlo es a través de mi herramienta «Diez segundos de valentía».

Para acercarte y decir «¡Hola!», invitar a alguien a salir o escribir tu número en una servilleta y pasárselo a esa persona con la que has estado coqueteando durante horas... lo único que necesitas son Diez segundos de valentía. Es como lo de «*just do it*», pero con un poquito más de profundidad.

Dar el gran paso en tu vida amorosa significa ponerte en una situación de vulnerabilidad. Implica aceptar la posibilidad del rechazo. Gracias al trabajo que llevas hecho con este libro, ya estás preparada para ello. Tienes las herramientas para crear tu propia seguridad emocional, incluso cuando las cosas se escapen de tu control. Puedes decidir que tu deseo de conexión y de encontrar a la persona adecuada sea más grande que tu miedo al rechazo, a parecer tonta o a que te juzguen.

Eres increíblemente ingeniosa. Aprendes habilidades nuevas y encuentras soluciones todo el tiempo. Es hora de actuar como si no pudieras equivocarte.

INVOLUCRA A TUS CÓMPLICES

El problema: no has involucrado suficientemente a tus amigos y seres queridos en tu vida amorosa. No es culpa tuya; no existe un manual que te enseñe a lograr que tus amigos te ayuden en este aspecto. Puede que mires a tu grupo de amigos, siendo tú la única persona soltera, y sientas que ninguno de ellos te entiende. Esto puede resultar muy frustrante. Muchas de mis clientas me cuentan que sienten como si su grupo de amigos las hubiera abandonado por ser «la última soltera que queda». Salir con alguien es tan complicado que, en cuanto uno de tus amigos encuentra pareja, parece que le da amnesia y empieza a darte consejos poco útiles o desalentadores. Quizá te dicen cosas como: «A mí me pasó cuando menos lo esperaba. Sigue con tu vida normal y en algún momento llegará». Pobres diablos. A ellos tampoco les enseñaron a tener citas.

No es que tus amigos no puedan ayudarte en tu vida amorosa, sino que aún no saben cómo hacerlo.

Tus seres queridos, cómplices perfectos en el amor, quieren saber cómo apoyarte mejor. Este proceso representa una forma concreta de enseñarles a hacerlo de una manera que realmente funcione.

La teoría detrás de esta estrategia para conocer gente en persona es que tanto tus círculos sociales como los de tus amigos están en continua expansión. Tal vez alguien ha cambiado de trabajo y uno de sus nuevos compañeros es atractivo, u otro ha ido a una conferencia y conocido a alguien interesante, o está el que va a clases de cerámica y de repente el primo de su profesora se presenta en tu cumpleaños, ¡y BAM! Aparece una persona con potencial porque tu cómplice ha estado atento y pensando en ti. Pero no es cuestión de preguntar a cualquiera que se cruce en tu camino. El cómplice ideal sigue reglas y estructuras claras. Lo que buscas no es una cita cualquiera por el simple hecho de «que los dos estáis solteros», sino que tu cómplice te organice los mejores encuentros de tu vida.

¿Y cómo logras eso? Con la ayuda de tus Preferencias alineadas con la esencia y tus preguntas de S/D, por supuesto.

Estos son los pasos a seguir:

Identifica a tus cómplices ideales

Son personas en quien confías, que no sueltan comentarios molestos sobre tu vida amorosa y que te hacen sentir segura y comprendida en ese sentido. Haz una lista corta. Por ahora, te sugiero empezar con una persona y llegar hasta tres como máximo. Más adelante puedes ampliar o reducir el número según veas conveniente. Pueden estar solteros o en pareja; lo importante es que los admires y respetes de verdad.

Sé tan exigente como Beyoncé escogiendo a sus bailarines de apoyo. Si conoces a Beyoncé, sabrás que solo trabaja con lo mejor de lo mejor. Necesita el equipo perfecto respaldándola, y no va a invitar a alguien solo por compromiso. No verás a Beyoncé incluir a alguien solo porque «debería hacerlo» ya que estuvo ahí el año pasado. No, todos tienen que estar al más alto nivel, todo el tiempo, para acompañar a Queen Bey. Así es como tiene que ser para ti y tus cómplices.

Ahora, ¿qué pasa si tienes pocos amigos de ese calibre? ¿O si tus amigos no te apoyan como te gustaría, o si te acabas de mudar y no conoces a mucha gente? Olvidémonos de esa preocupación por ahora.

Los amigos a distancia también pueden ser cómplices. Pueden apoyarte hablando sobre tus Preferencias alineadas con la esencia, haciendo un seguimiento de tu vida amorosa en vuestras charlas regulares o comentando las citas que vayas teniendo.

Además, puedes aplicar este método para hacer nuevos amigos que luego se conviertan en cómplices. Sí, puedes usar tus PAE y tus preguntas de S/D para conocer gente nueva. Y quizá te vendría bien ampliar tu círculo de amigos ¡ponte a ello!

Organiza la cita

¿Sabes cuando una amiga te pide que seas su dama de honor? Te invita a comer, tal vez te escribe una tarjeta bonita sobre lo que significas para ella, y luego te pide que estés a su lado en ese momento tan importante. El ritual de invitar a tus mejores amigos a apoyarte en una ocasión trascendental puede ser profundamente emotivo.

Ese ritual de amistad tan especial no debería reservarse solo para una boda. Pedirle a alguien que sea tu cómplice en el amor es un verdadero honor. Estás abriéndote en canal, invitándole a entrar a un espacio de vulnerabilidad y permitiéndole ser parte de tu historia de amor. Es una conversación que puedes abordar con amor y respeto.

En esta charla, podrías decir algo como: «Me encantaría contar contigo para que me ayudes en mi vida amorosa, que me apoyes y me ayudes a conectar con gente nueva. Salir y conocer gente puede ser muy difícil, así que me encantaría que fueras mi cómplice para que, juntos, maquinemos y planifiquemos mi vida amorosa». Intenta que se comprometa con la causa; si no responde con entusiasmo, busca otro cómplice.

Establece tus límites

Es posible que tu amigo diga algo que se encuentre en mi lista de: «Uf, no». Tal como dice Tom Haverford en *Parks and Recreation*, los «Uf, no» conforman una lista de cosas intolerables en una relación romántica (por ejemplo, «no estar loco por la música R&B de los noventa» ocupa el tercer lugar en su lista). En este caso, los «Uf, no» son esos comentarios que tú y tu cómplice vais a *evitar* al hablar sobre tu vida amorosa. Son esas frases que tus amigos o familiares dicen con buenas intenciones, pero que pueden resultar extremadamente desalentadoras. Evitemos los siguientes callejones sin salida:

«ES QUE NO TENGO A QUIEN PRESENTARTE. ¡NO SÉ CÓMO AYUDARTE!»

Uf, no. Nos hemos unido en esta complicidad para encontrar soluciones creativas. Si conocieras a otros solteros, no estarías buscando ayuda. Si tu amigo dice esto, ahí puedes establecer un límite. Algo como: «Quiero que busquemos soluciones creativas juntos. Los dos somos ingeniosos, así que, por favor, no me digas que te has quedado sin ideas, pensemos algo entre los dos».

«¡YA NO HAY BUENOS CANDIDATOS DISPONIBLES!»

Uf, no. Hay miles de millones de personas en el mundo. Hay muchísimas maneras de conocer gente. Si estás leyendo esto y piensas: «Pero, Lily, muchas de mis amigas son increíbles y están solteras; si lo que dices es cierto, ¿por qué no estamos todas en pareja?»

Y mi respuesta es la siguiente: «¿No podría ser verdad que *tanto* tú como tus amigas sois maravillosas y estáis solteras,

> *como* que hay gente genial ahí fuera, *como* que
> cualquiera de vosotras podría empezar una relación
> estupenda mañana,

y que el hecho de estar solteras solo significa que no os habéis conformado con cualquier cosa,

lo cual es una buena señal porque implica que solo os comprometeréis con la persona adecuada?

Ese es mi ingrediente secreto del «tanto/como» que hace que todo entre mejor.

«¿POR QUÉ NO TE MUDAS?»

Uf, no. Esto implicaría que ya no hay más opciones y que la única alternativa que queda es cambiar toda tu vida por una relación romántica... ¡De ninguna manera!

«¿NO TE ESTARÁS PASANDO DE EXIGENTE?»

Uf, no. Si te responde esto, envíale directamente al capítulo 4. Rebajar tus expectativas no hará que la persona adecuada aparezca en tu vida por arte de magia. De esa manera, no encontrarás a la persona adecuada, solo estarás más disponible para las que no lo son.

Piensa que tu amigo también es un ser humano. A veces dirá cosas que no son precisamente motivadoras. Tendrá sus propias historias, patrones, inseguridades y condicionamientos patriarcales, como todo el mundo. Así que ten en cuenta que lo que te va a dar es su perspectiva. El hecho de que estén en una relación no significa que su opinión o su forma de ver las citas te vaya a funcionar. Puede que diga algo de la lista de los «Uf, no» y ahí es cuando tienes que poner un límite. Recuerda que enseñarle a alguien a quererte mejor implica pedir lo que quieres y necesitas. Esto es un ejercicio para aprender a pedir lo que necesitas en una relación nueva. Puede que descubras que un amigo cercano no tiene la actitud adecuada o la disponibilidad para ser tu cómplice. No todos van a ser buenos candidatos para ser tus cómplices en tu vida amorosa, y no pasa nada.

Para anticiparte a cualquier posible momento de «Uf, no», lo mejor es que prepares dicha conversación de manera intencionada. Y he descubierto que para ciertas conversaciones donde entra en juego tu vulnerabilidad, como es el caso, la preparación es un factor clave para sacarle el mayor provecho. Siempre que se avecina una conversación difícil o delicada, saco mi diario y sigo el esquema de *Radical Alignment* de Alex Jamieson y Bob Gower. He incluido los pasos a continuación para que los utilices cuando quieras. Escribe cada uno de estos puntos en tu cuaderno:

Intenciones: ¿Por qué vas a tener esta conversación? ¿Qué es lo que deseas que suceda?

Miedos: ¿Cuál es el peor escenario que se te ocurre? Por ejemplo, si te dicen algo como: «¿Es que no puedes encontrar pareja sola? ¿Qué te pasa?»

Límites: Este es tu plan por si surge algún posible momento de «Uf, no». Puedes levantarte de la mesa o decir: «Eso no me parece bien». Es tan simple (o difícil) como eso.

Sueños: ¿Cuál es el mejor escenario posible? Quizá reaccionen de *maravilla* y, con estas nuevas herramientas, ya tengan a alguien en mente para ti. Quizá te sientas totalmente comprendida y apoyada con su respuesta.

Ya estás oficialmente lista para este encuentro con tu cómplice.

Para empezar

En esta cita con tu amigo, después de que haya aceptado ser tu cómplice de manera oficial, comparte tus PAE y tus preguntas de S/D. (Al final de este capítulo hay una chuleta para que le sea más fácil ayudarte). Incluso puedes prestarle este libro para que lo lea contigo (¡compañeros de lectura!) y vea todo el contexto. Básicamente, cuando se cruce con alguien interesante en el trabajo, en un evento o en cualquier lugar, puede plantear tu pregunta de S/D preferida. Si la respuesta encaja con lo que buscas en tus PAE, puede añadir: «¿Estás soltero?». ¡Y zas! Quizá estará creando la conexión por ti.

Durante mi programa, dos de mis clientas se hicieron amigas. (Esto pasa constantemente. ¿Qué puedo decir? Mis clientes son, de verdad, los mejores seres humanos que existen). Ellas, dos mujeres solteras increíbles, decidieron ser cómplices la una de la otra. Hannah vivía en California y Sadie en Texas. No sabían exactamente cómo se las apañarían para conseguirse citas respectivamente, pero estaban dispuestas a intentarlo. Intercambiaron sus PAE y sus preguntas de S/D y se comprometieron a estar atentas la una de la otra, con esa chispa de complicidad de las nuevas amistades.

Sadie estaba en un viaje de trabajo en San Francisco, California, y tenía una escala en el aeropuerto. Allí entabló conversación con un hombre guapísimo y descubrió que vivía en San Francisco. ¡Se encendieron todas sus alarmas de cómplice! Entonces, le hizo la pregunta favorita de Hannah: «Sé que esto es un poco raro, pero ¿qué te hace feliz últimamente?» Su respuesta fue: «Vaya, qué buena pregunta. Probablemente mis mascotas. Soy un apasionado de los animales. Y mi trabajo; me encanta lo que hago». *¡Ding ding ding!* Tenía la vibra perfecta (al menos respecto al Nivel 1) para Hannah. Así que Sadie le preguntó si estaba soltero. Él dijo que sí, ella consiguió su correo electrónico, se le contó todo a Hannah, y empezaron a salir.

Otra clienta, Addison, le pidió a una amiga que fuera su cómplice, y juntas tramaron un plan para las noches de los viernes. Cada viernes, irían a algún restaurante o bar nuevo, con ganas de pasarlo bien y de intercambiar miradas con desconocidos interesantes. Al cabo de unas semanas, Addison reunió el valor para acercarse a dos chicos y comenzar a charlar. Aunque esa iniciativa no se tradujo en citas, esas interacciones cambiaron para siempre su forma de verse a sí misma. Ahora se sentía completamente respaldada en su vida amorosa *y* se había convertido en esa persona que se acercaba a desconocidos atractivos con naturalidad. Esto aumentó tanto su alegría como sus posibilidades de encontrar a alguien genial.

La complicidad es mágica. Es cocreación. Ser cómplice significa comprometerse y demostrar que realmente apoyas a tus seres queridos y sus deseos.

Pero eso tampoco significa que la complicidad sea «la solución a tu vida amorosa». Esa actitud solo puede generar presión y resentimiento. Aquí hablamos de una creación en equipo, llena de magia y algo traviesa. Es como trabajar en una empresa innovadora y creativa. Os plantáis frente a la pizarra para inventar respuestas divertidas a un problema difícil. Conviértelo en una tarde de juegos con tus personas favoritas.

ELABORA UN PLAN PARA SER MÁS FELIZ

Solo encontrarás a la persona adecuada cuando empieces a divertirte de verdad.

Salir a conocer gente en persona no se reduce a «cuántas veces te invitan a salir». Se trata de cómo llenas tu vida de momentos que te hagan disfrutar y te rodeas de gente nueva que aporte alegría a tu vida.

Vivir con más alegría fue lo que, inesperadamente, me llevó a encontrar al amor de mi vida.

Me había mudado del sur profundo a San Francisco para un trabajo nuevo. Si bien me emocionaba la idea de vivir en una ciudad progresista por primera vez en la vida, no conocía a absolutamente nadie. Estaba más sola que nunca y súper lista para conocer a gente nueva. Decidí hacer algo que siempre me había dado miedo: me apunté a mi primera clase de improvisación. En ese momento era una friki de la comedia y me pasaba horas viendo vídeos de espectáculos de improvisación del teatro *Upright Citizens Brigade* en Nueva York y Los Ángeles.

Apuntarme a clase de improvisación siempre había estado en mi lista de deseos, como una de esas cosas que haría «si me atreviera». Me daba miedo hacer el ridículo, que no se me diera bien o incluso pasar un mal rato por culpa de los nervios. Mi cabeza no dejaba de plantearme los peores escenarios posibles.

Pero también estaba desesperada por tener una conexión humana real en San Francisco. Una vez iba en el autobús y casi me echo a llorar cuando mi rodilla rozó la de otra persona. En ese momento me di cuenta de que no había abrazado a otra persona en un mes. Era momento de ser valiente y crear una conexión en mi nueva ciudad para reencontrarme con la alegría en mi vida, así que me lancé al mundo de la improvisación.

Di con un lugar donde daban clases de improvisación, pagué la matrícula y empecé con las clases. La felicidad que experimenté fue increíble. Me sentía como una niña pequeña haciendo nuevos amigos. No había jugado con tanta intensidad en años. Allí conocí a gente fantástica y divertidísima, me enfrenté a mis miedos y conocí a Jessie. Ella era una de esas personas que irradian frescura y bondad. Era alta, tenía una melena roja radiante, era divertida y transmitía esa calidez típica del Medio Oeste de EE.UU. Un día, después de clase, me preguntó si quería ir a tomar un café. Estoy casi segura de que me puse roja como un tomate y le respondí con entusiasmo: «¡sí, me encantaría!». ¡POR FIN, UNA AMIGA! Después de esa primera quedada, supe que esta nueva conexión prometía.

Resulta que vivía a solo cuatro calles de mi casa. Así que, después de algunas semanas de quedar después de clase, empecé a ir a su casa y gorronearle sopas caseras y ensaladas de pollo durante días. Fue una época maravillosa.

Cuando finalmente decidí mudarme a Nueva York, Jessie me presentó a todos sus amigos de la universidad que vivían allí. Gracias a eso, me invitaron a mi primera fiesta en la ciudad, donde conocí a mis nuevos amigos Phillip y Kate.

Tres años después, en junio de 2017, en un verano abrasador en Nueva York, me encontraba en esa relación tóxica de la que ya he hablado y me sentía muy sola y fuera de lugar. Phillip y Kate me invitaron al cumpleaños de su compañero de piso. No le conocía, solo sabía que era actor, escritor y se llamaba Chris. De lo único de lo que estaba segura era de que necesitaba tener algún tipo de interacción humana positiva después de las peleas que había tenido con mi novio de entonces.

Llegué tarde, como siempre, vistiendo mi mono rosa de Gap, famoso a día de hoy. Llevaba el pelo rubio con mechas rosas y estaba lista para pasarlo bien. Subí encantada a la azotea, atraída por el olor a perritos calientes a la parrilla (una de mis comidas favoritas), y enseguida vi a un chico guapo con una camisa amarilla preparando la comida para sus amigos ligeramente bebidos. Resulta que era el cumpleañero.

«Lily, te presento a Chris. Chris, esta es nuestra amiga Lily, de la que tanto te hemos hablado».

El día pasó sin mucho revuelo. Lo pasé bien, por lo menos me comí dos platos de esa comida deliciosa, abracé a Chris, le dije «¡Feliz cumpleaños!» y me fui. No pensé demasiado en este primer encuentro, hasta el 4 de julio, apenas diez días después. Me invitaron de nuevo a la misma azotea, y allí estaba Chris. Me volví a poner el mismo mono rosa de Gap. (Era mi conjunto favorito, ¿vale?).

La verdad es que Chris y yo no interactuamos mucho hasta que estuve a punto de irme. Se acercó a mí con una actitud relajada y un toque de picardía, y me soltó: «He oído que tienes pareja, lo cual es una pena, porque... me muero por tener algo contigo».

Os juro que esto pasó de verdad. Este hombre me dijo: «me muero por tener algo contigo». (Y, si no pilláis la referencia, podéis buscarla en Google). No puedo mentir, sus palabras me causaron una sensación... lo que ahora llamo un cosquilleo ahí abajo.

Y entonces pensé: «Se cree que está jugando conmigo». No iba a dejar que se saliera con la suya con algo tan cursi y descaradamente provocador. Así que, sin perder la compostura, le contesté: «Estoy en una relación *abierta*, así que ¿por qué no bajamos y nos desquitamos ahora mismo?»

Pude ver cómo su mente se quedaba en blanco.

Soltó una risa fuerte, algo torpe y con notas evidentes de vergüenza, que duró más de la cuenta. Estaba claro que no se esperaba que alguien a quien apenas conocía le respondiera así, y menos con su amigo observando la escena desde el fondo y riéndose a carcajadas de esa situación incómoda.

Entonces me dijo: «Ahhh, es broma. ¡Me alegra verte de nuevo! ¡Adiós!» Y se alejó a toda prisa.

Pensé: «Vaya, Lily, eso ha sido audaz». Y me sentí orgullosa de mí misma. Estar al borde de terminar con una relación tóxica había dado rienda suelta a mi energía de «qué demonios». Y así nació mi regla de los Diez segundos de valentía.

Dos meses después de esa escena memorable, mi relación abierta y tóxica finalmente llegó a su fin. Llamé a mi amiga Jessie, que también se había mudado a Nueva York hacía poco y esta me invitó a su casa para un abrazo, una tabla de embutidos, algo de vino y una noche de chicas. Era exactamente lo que necesitaba.

Entonces sonó mi móvil.

Era un mensaje de Chris. Se había enterado a través de nuestros amigos en común de que había vuelto a la soltería, y me dejó claro que quería conocerme mejor. Juro que en ese momento miré a Jessie y le dije: «No sé cómo lo sé, pero Chris y yo vamos a tener una relación seria... Lo siento en lo más profundo de mi ser».

En ese momento, necesitaba tomarme un tiempo para sanar. En noviembre, cuando sentí que estaba lista para salir con alguien después de la ruptura, quedamos para un *brunch*. Hacía fresco y Chris me sostuvo las manos para calentármelas. Me hizo reír, hizo preguntas maravillosas y sentí que esto era distinto. Fue una cita llena de alegría que, cinco años después, nos llevó a contraer matrimonio.

Encontrar el amor puede ser un efecto secundario de vivir con más alegría solo por el placer de hacerlo. Haz algo que siempre has querido hacer y, en ese proceso, conecta con gente y deja que esas conexiones te lleven a lugares y relaciones nuevas.

Mi teoría sobre vivir la vida amorosa con más alegría se confirmó cuando leí un artículo en la *Harvard Magazine* titulado «La ciencia de la felicidad» que decía: «La alegría, a diferencia de la felicidad, no trata solo de mí: la alegría es conexión».

Vivir con más alegría implica asumir riesgos. Como el riesgo de ir a esa clase de ballet para adultos que tanto te entusiasma, mientras tu mente no deja de preguntar: «¿Qué van a pensar de mí? ¡Hace años que no llevo un *maillot* ni bailo!».

Te encantaría dedicarte a la escultura como un proyecto secundario, pero escuchas la voz de tu madre diciendo: «¿Quién te crees que eres? ¡Sé más práctica!».

Querer viajar a un país extranjero al que siempre quisiste ir, pero ir sola y que tus pensamientos no te dejen en paz: «Siempre quise hacer esto en pareja. ¿Qué dice de mí el hecho de que vaya sola?».

O algo tan simple como querer ir a un restaurante de tu barrio, pero tener miedo de lo que la gente pueda pensar si te ven sola.

Todo esto son versiones de ese pensamiento tan común en los seres humanos: *No quiero que me rechacen.*

Porque el rechazo, literalmente, da tanto miedo como la muerte. Nuestro cuerpo está preparado neurobiológicamente para temer al rechazo como a la muerte, ya que, en tiempos remotos, el rechazo significaba quedarnos fuera, a merced de la naturaleza y del clima. Así que sentir ese miedo es de lo más normal. Y, a la vez, la vida que quieres, esa vida plena, sustancial y auténtica, es el resultado de perseguir tu alegría.

La alegría puede convertirse en tu criterio para la toma de decisiones en tu vida amorosa.

Ahora bien, poder hacer cosas que te llenen de alegría es un privilegio. No tener libertad económica limita, sin duda, tus oportunidades para vivir con más alegría.

Sin embargo, independientemente del estado de tu cuenta bancaria, puedes hacer que la alegría sea tu estándar a la hora de tomar decisiones en tu vida sentimental. No solo porque es más divertido, sino porque en realidad atrae a las personas adecuadas.

Este no es ese típico consejo de «Limítate a disfrutar de la vida y la relación adecuada llegará sola», que básicamente significa: «No prestes atención a tu vida amorosa; ¡se resolverá sola!». Yo creo que se resolverá, *y* que tienes un papel activo en cocrear esa realidad.

Buscar la alegría es la mejor estrategia para conocer gente.

He comprobado una y otra vez que mis clientas que se obligan a tener citas constantemente no solo acaban más desanimadas, sino que además reducen su probabilidad de sentirse optimistas y centradas. Cuando se ven sin ánimo ni un rumbo fijo, estas mujeres tienden a agotarse y es menos probable que encuentren a alguien que realmente valga la pena. En lugar de eso, se encuentran con gente que se siente igual de vacía.

En cambio, mis clientas que siguen el plan de vivir con más alegría, sienten una conexión más fuerte con su cuerpo, su intuición y necesidades, y se muestran más esperanzadas respecto a su vida amorosa. Es más probable que encuentren personas que concuerden con lo que desean y, con ello, a la pareja adecuada.

Te estoy oyendo protestar: «Lily, creo que unirme a un grupo de ganchillo me haría feliz y resultaría divertido, ¡pero no creo que allí vaya a haber nadie que me atraiga!». Esto es algo que escucho con frecuencia por parte de mujeres heterosexuales. Desgraciadamente, dado que vivimos en un mundo patriarcal y sexista, no creo que muchos hombres hayan descubierto la alegría de tejer (y a quienes sí lo han hecho, ¡mi más sincero respeto! Sois el cambio que queremos ver en el mundo).

La idea no es vivir con más alegría *solo* para conocer a alguien en un plano romántico. Se trata de (a) sembrar más alegría en tu vida; (b) hacer nuevas conexiones y amistades y (c) entender que el delicioso efecto secundario de esto será, precisamente, tener más posibilidades de crear conexiones románticas, porque estarás estableciendo vínculos de calidad en el mundo real.

Tu plan de vivir con más alegría debería ser más o menos así:

Haz una lista de al menos diez actividades que puedas hacer en el exterior durante este mes que te harían feliz.

Cuando estés ahí fuera, haciendo aquello que te hace feliz, tus deberes son hablar con al menos una o dos personas y empezar una conversación. Quizá podrías hacer mi pregunta de S/D favorita: «¿Qué te ha hecho feliz últimamente?» Conecta con la gente. Líala un poco.

Al principio, esto te puede hacer sentir vulnerable. Algo que a mí me ayuda a la hora de conectar cara a cara es pensar: Todos somos humanos y todos buscamos una conexión. Seguimos siendo niños en el recreo, y cada cual está buscando su grupo de gente con quien compartir. Dales la oportunidad de encontrarte.

A mis amigos introvertidos, quiero deciros que os comprendo. Este rollo de vivir con más alegría puede ser bastante difícil, sobre todo cuando la batería social está baja. Como cada cosa que te he enseñado, es cosa tuya adaptarla a tu manera. Quizá hagas una sola actividad al mes que te dé alegría. Quizá te lleves a dos de tus cómplices para que sean tus aliadas a la hora de conectar en persona con otra gente. En lugar de forzarte a hacer lo que crees que «deberías» estar haciendo según este capítulo, pregúntate: «¿cómo puedo hacer que esto funcione para mí?»

A partir de ahí, tus deberes son ser valiente.

El último paso esencial del proceso de vivir con más alegría es celebrarte a ti misma al terminar. Celebrar cada logro, por pequeño que sea, hará que tu cerebro entienda que lo estás haciendo bien. Cada actividad que te dé alegría que hayas probado, incluso si solo ha sido saludar a un desconocido o aunque nadie más se haya presentado a la clase, merece un bailecito, una pequeña fiesta y una llamada a una amiga para celebrarlo.

Para crear tu lista de actividades que te den alegría, hazte las siguientes preguntas:

¿Qué actividades fuera de casa me resultan divertidas y me hacen feliz?

¿Qué cosas me han atraído siempre, pero me dan un poco de miedo?

¿Qué es lo que normalmente me impide acercarme a la gente en persona?

¿Cómo puedo ayudarme a ser más valiente la próxima vez? (Quizá implique tratarme con más amabilidad o llevar a una amiga para que me anime).

Otra manera de sumarle alegría a tu vida amorosa es imaginar lugares donde tu pareja ideal se divertiría e ir tú también a divertirte allí. Puede que estés buscando a alguien con amistades increíbles, activo y algo bromista; entonces podrías probar y apuntarte a una liga de *pickleball* con amigos. Quizá busques a alguien que viaje para conocer nuevas culturas y sea aficionado al ciclismo; en ese caso, podrías unirte a un viaje en grupo a Ámsterdam. O tal vez busques a alguien creativo, al más puro estilo Ron Swanson, que trabaje con las manos; en ese caso podrías probar en una clase de carpintería.

La idea es que esta actividad que te haga vivir con más alegría efectivamente te dé alegría. Que te saque de tu zona de confort y, además, te permita imaginar de qué disfrutaría tu futura pareja.

Las reglas para vivir con más alegría

Sal y plántate donde sea. Realiza actividades divertidas a menudo. Conecta con al menos una o dos personas nuevas en cada actividad que te genere alegría.

¿Dónde se lo pasaría en grande tu persona ideal? Pues ve ahí y pásatelo bien.

Practica los Diez segundos de valentía en cada sitio al que vayas para vivir con más alegría (acércate a la gente, ¡salúdales!).

Date un reconocimiento después de cada intento de conocer gente en persona.

Sé amable contigo misma. Puedes sentirte muy vulnerable y expuesta.

Ligar en persona significa colocarte en el centro de tu propia vida. Es adoptar esa potente Energía de protagonista. Es ser consciente de lo que quieres y pedirlo con claridad. Acercarte con naturalidad a personas que te parezcan atractivas. Cuidarte con toda la compasión del mundo. Solo *tú* tienes el poder y la capacidad de crear la vida más alegre que puedas imaginar. Crear esa vida atraerá a la persona adecuada para ti.

TAREA PARA EMPEZAR A LIARLA:
Una guía para tu cómplice

Esto es lo que debes establecer y luego compartir con tu cómplice para que te pueda echar una mano. Responde a estas preguntas, elige a tu cómplice ideal y organiza una cita con esa persona para repasar el plan:

1. ¿Qué esperas de tu vida amorosa en este momento?
2. ¿Qué clase de ayuda esperas recibir de parte de tu cómplice en el amor?
3. ¿Cuáles son tus principales Preferencias alineadas con la esencia?
4. Piensa tanto en los aspectos logísticos (elementos «formales») como, sobre todo, en los valores y rasgos de personalidad que son importantes para ti.
5. ¿Qué pregunta de S/D querrías que tu cómplice le hiciera por ti a un posible candidato?
6. ¿Cuál sería una respuesta ideal? ¿Y cómo identificarías una respuesta que no se alinea contigo?
7. ¿De qué forma puede tu cómplice animarte a salir de tu zona de confort, a explorar el mundo real, a vivir con más alegría y a establecer nuevas conexiones?

Recuerda: Avanzar de forma caótica y desordenada significa pedir lo que necesitas aunque no sea de la manera perfecta, aceptar todas las emociones que surjan y dar un paso adelante al mismo tiempo. ¡Tú puedes!

8

Empieza a tener citas y líala un poco

¡Has empezado a salir con gente! Tu perfil de citas rebosa alegría y los límites están bien definidos y en perfecta sintonía con tus valores feministas. Has diseñado tu estrategia para conocer gente en persona y tu cómplice está a tu lado, listo para acompañarte. Te sientes imparable y convencida de que esta vez, cuando te lances al mundo de las citas, será diferente. ¡Este libro ha revolucionado tu vida!

Pero entonces, una vez que empiezas a tener citas, te encuentras con algunos problemas.

Las apps de citas no han cambiado un ápice. Las caras siguen siendo las mismas que la última vez que decidiste dejarlas. Ligar en persona todavía resulta incómodo y parece imposible. Sientes que los candidatos cada vez son menos y que el tiempo se te echa encima. Tu madre te pregunta: «¿Por qué no nos has presentado a nadie? ¿Es que ni siquiera estás saliendo con alguien?». Y ese cómplice al que pediste ayuda todavía no te ha conseguido ni una sola cita.

Esto es justo lo que le pasó a Heather. Había hecho todo el trabajo previo, pero cuando se enfrentó al mundo de las citas, todo se desmoronó. El *ghosting*, los rechazos y el agotamiento la llevaron de vuelta a sus antiguos hábitos (¡porque el cerebro tiende a recorrer los caminos que ya conoce!).

Las herramientas de este capítulo fueron clave para ayudarla a romper con eso, tomar el control y disfrutar de citas increíbles. Este capítulo es tu manual para resolver problemas. Acude a él siempre que te sientas atrapada y necesites una salida.

CUANDO TE DESCARGAS UNA APP DE CITAS Y SIGUE SIENDO UNA PORQUERÍA

Las apps de citas no van a cambiar (me fastidia muchísimo, pero es lo que hay). La función de la app es ser lo bastante aceptable como para mantenerte enganchada, pero no lo suficiente como para emparejarte de forma efectiva. La parte positiva: aunque la app no cambie, tu mentalidad sí lo está haciendo. Al establecer límites claros, conocer tus PAE y abrazar tus valores feministas dándote total permiso para desear y pedir lo que quieres, estás protegiéndote de conformarte con menos. Recuerda: la app no está diseñada para «probarte que lo que buscas existe». Es solo una herramienta, y tú eres quien manda.

Sí, habrá decepciones. Encontrarás personas que se comporten de forma horrible o que no cumplan con tus expectativas. Es parte de ser humano. Quieres algo que aún no tienes, y eso duele. Por eso, en lugar de frustrarte, intenta enfrentarte de otra forma a las apps de citas. Sé compasiva contigo misma. Cierra la app cuando sientas que no puedes más. Cuida tu bienestar emocional como si de ello dependiera tu vida amorosa. Haz tus preguntas de S/D en voz alta, con valentía y con frecuencia. Identifica las historias que tu cerebro crea a partir de lo que ves en la app, y cámbialas lo antes posible.

Cuando la experiencia con la app te frustre, es normal que pienses cosas como: «Nunca voy a encontrar a nadie» o «Esto no tiene sentido». Es posible que sientas pánico, desánimo o tristeza al ver que lo que buscas parece inalcanzable.

Por muy doloroso que sea, estos pensamientos y emociones son completamente normales. Para seguir adelante, intenta lo siguiente:

Trátate con compasión. Deja de castigarte y, en lugar de eso, intenta normalizar lo difícil que es lo que estás intentando. Trátate como tratarías a tu mejor amiga. Las apps de citas pueden ser súper intensas, y tu cerebro tiende a pensar que, si algo no funciona, es porque tú eres el problema. Sentirse impotente es horrible, pero recuerda que este sentimiento es temporal.

Reenfoca tus pensamientos hacia algo útil y realista. Ahora. Por ejemplo, puedes reenfocar pensamientos como: «aquí no hay nadie interesante, esto no tiene sentido» y transformarlos en «hoy no he encontrado a nadie que vaya conmigo, qué mala suerte». «Además, esta app no es mi única opción para conocer a alguien especial», o «creo que la relación que busco llegará y, mientras tanto, soy mi mejor aliada».

Un nuevo perfil no hará que una app sea diferente. Ese perfil actualizado puede reflejar los cambios internos que empiezas a vivir respecto a tu mentalidad, seguridad y valentía, pero no es algo que pase de un día para otro.

Tener una vida amorosa llena de alegría y satisfacción lleva su tiempo. Reprogramar tu cerebro y construir un nuevo enfoque hacia el amor es un proceso de floración progresiva.

QUÉ HACER SI NO TIENES NINGUNA CITA

No pasa nada si no tienes citas constantemente.

El número de *matches*, mensajes o citas que tengas no refleja lo cerca o lejos que estás de encontrar la relación que deseas. Tu amiga que tiene cinco citas por semana no está más cerca de conocer a su persona ideal. Solo está más agotada y atrapada en la ilusión de que puede controlar cuándo llegará dicha persona.

Presta atención a las historias que tu mente te cuenta sobre las citas (o la falta de ellas).

Ir a Las Vegas y seguir apostando en la mesa de los dados no significa que estés más cerca de ganar. Solo significa que has perdido más dinero y no has pegado ojo porque no querías levantarte de esa mesa.

No quiero que vivas bajo la «ilusión de tener el control» respecto a cuándo conocerás a la persona adecuada. Quiero que tengas un control real, y eso implica centrarte en lo que verdaderamente está bajo tu control. Es decir que necesitas definir tu Resultado ganador. Este concepto, que aprendí de la *coach* Simone Seol, me tiene fascinada. Se trata de apostar por algo que sí puedes controlar y que de verdad cambiará tu experiencia en el mundo de las citas.

Simone lo aplica al *marketing*, y me topé con su trabajo cuando ya llevaba unos años en mi negocio (aprender *marketing* me daba pavor después de haber crecido viendo tácticas agresivas y tóxicas). Cuando me asustaba la idea de no ganar más dinero o pensaba que nadie querría trabajar conmigo (mi cerebro ansioso puede inventarse historias de lo más escalofriantes), escribí mi propio Resultado ganador:

«Voy a superar el miedo a mostrarme en Internet».

Para alcanzar ese Resultado ganador, tuve que hacer cosas que nunca había intentado. Lo primero fue crear una sensación de seguridad en mi cuerpo para atreverme a dar ciertos pasos que requerían valentía. Eso implicaba respirar profundo, calmar mi sistema nervioso, tratarlo con compasión y mover el cuerpo con alegría.

Después me lancé de lleno a hacer vídeos, hablar sobre mi programa y mostrar cómo podía ayudar a la gente, sin parar. Fue como una terapia de choque. Al principio tenía mucho miedo. Pero al centrarme en mis logros y celebrarlos incluso cuando el miedo seguía presente, tras unos meses de práctica y refuerzo positivo, el miedo a que me vieran desapareció. Tenía la certeza absoluta de que estaba avanzando en mi negocio y ayudando a la gente a la vez. El beneficio añadido fue que atraje a personas increíbles a mis programas, y las ventas alcanzaron cifras récord.

AQUÍ TIENES ALGUNOS EJEMPLOS DE RESULTADOS GANADORES PARA TU VIDA AMOROSA:

Expresar lo que quieres de manera directa.

Despedirte y dejar ir rápidamente a las personas que no son adecuadas.

Celebrar cada paso que des (por pequeño que sea).

Pedir ayuda a tus cómplices.

No permitir que la app de citas defina tu valor, tu futuro o tu autoestima.

Salir *solo* con personas que realmente te interesen (y no conformarte con menos desde el principio).

Superar el miedo a acercarte a alguien atractivo en persona (haciéndolo muchas veces y sin buscar la perfección).

Lo más emocionante de perseguir Resultados ganadores es que siempre vienen acompañados de Resultados adicionales como recompensa. Por ejemplo, si tu Resultado ganador es comer algo verde en cada comida, casi seguro que eso conllevará una digestión más regular (te lo digo en serio). Aunque no podemos controlar al 100 % esos Resultados adicionales (no puedes calcular exactamente cuánto mejorará tu digestión), puedes confiar en que aparecerán si te centras en lo que sí está en tus manos.

En el ámbito de las citas, los Resultados adicionales pueden ser: encuentros prometedores, que alguien genial te invite a salir, sentirte más segura de ti misma, disfrutar más de los momentos felices de tu día a día y depender menos de las apps. Otros Resultados adicionales inesperados podrían ser que tu confianza renovada y actitud despreocupada se traduzcan en un ascenso en el trabajo o en encontrar el valor para emprender un proyecto propio. Nunca sabes qué sorpresas pueden surgir al buscar tu Resultado ganador en el amor. Recuerda que los Resultados adicionales también están en camino.

Con este método, estarás *ganando* desde el primer momento en que empieces a tener citas. Esto te ayudará a tomar decisiones con más seguridad y autonomía. Elige ahora tu Resultado ganador para las citas.

Pregúntate: ¿Qué es lo que más me está costando en mi vida amorosa ahora mismo?

Si sientes que te estás quedando atrás o sin esperanza en el mundo de las citas, puedes optar por este Resultado ganador: «Celebro cada victoria, por pequeña que sea». Después, sal a por esas pequeñas victorias y planifica cómo celebrarlas: márcate un bailecito, organiza una fiesta, sal a cenar sola o presume de tus logros con tus amigas.

Si te notas obsesionada con las apps de citas, muy ansiosa respecto al futuro y anticipando tragedias (por ejemplo: «¡Voy a morir sola»), tu Resultado ganador podría ser practicar este pensamiento: «No pasa nada, estoy justo donde debo estar».

Cuando te sientas así en una cita o mientras haces *swipe* en una app, detente, respira y regálate unos minutos de autocompasión. Luego intenta concebir pensamientos sencillos y útiles que te ayuden a sentirte más tranquila y segura. Te propongo algunas sugerencias:

«Quizá lo mejor esté por llegar».

«Quizá no sea tan imposible que lo que deseo exista de verdad».

«Es posible que conozca a alguien increíble».

«Es seguro querer lo que quiero».

Esto no se trata de caer en el positivismo tóxico, ese rollo de «¡Venga, no es para tanto! ¡Lo estás haciendo genial!» mientras tú lo estás pasando fatal y piensas «Sí… Pero esto no me ayuda en absoluto».

Se trata de conectar contigo misma de forma sincera, aceptar cómo te sientes ahora y decidir cuál será el siguiente paso que te hará sentir más fuerte.

A veces, encontrar citas que realmente valgan la pena lleva más tiempo del que desearíamos (créeme, yo también quiero que encuentres a alguien increíble *ahora mismo*). Pero el problema es que mucha gente se rinde cuando pierde la esperanza o entrega el control a otra app o a un supuesto experto en citas que insiste en que debes cambiar para encontrar el amor.

Tu trabajo, cuando te enfrentes a esos momentos difíciles, es centrarte en lo que puedes controlar e ignorar lo que no está en tus manos.

CÓMO CONSEGUIR MÁS CITAS

Elige tu Resultado ganador. Escríbelo en todas partes. Lleva un registro de tu progreso y, cada vez que lo alcances, ¡celébralo a lo grande!

Si llevas tiempo sin tener una cita y estás empezando a perder los estribos, pregúntate lo siguiente: ¿Has tomado la iniciativa de invitar a alguien a salir?

«Pues no, Lily, yo quiero que sean ellos los que se acerquen a mí» o «Me esfuerzo tanto en cuidar de los demás que me gustaría que alguien tomase la iniciativa de invitarme» o «No quiero cargar yo con todo el trabajo».

Atraer a personas geniales implica dar el primer paso desde un lugar de confianza y empoderamiento.

A esto lo llamo cocreación. La cocreación consiste en dar un paso adelante y ver si la otra persona está dispuesta a tener una cita contigo. Es proponer un encuentro y dejar que la otra persona elija dónde. Es mostrarte tal cual eres, pedir lo que quieres y permitir que el otro haga su parte.

Piensa en la amistad más estrecha que tengas. Probablemente sea una cocreación maravillosa basada en mensajes, quedadas, viajes y en que ambas personas involucradas os habéis implicado activamente en la relación. Tu vida romántica también puede funcionar así.

En el otro extremo, frente a nunca dar el primer paso, está intentar forzarlo todo. Esto ocurre cuando intentas controlar cada aspecto de tu vida amorosa: invitar a alguien a salir, planificar la cita al detalle, confirmar la hora varias veces, escribirle nada más terminar y obsesionarte con cómo ha ido la cita y con lo que la otra persona puede haber pensado de ti.

El ejemplo perfecto de intentar forzar las cosas es el famoso personaje de mujer «*pick me*» de Meredith Grey en su peor momento. Si no conoces este mítico episodio de *Anatomía de Grey*, ¡te espera una increíble noche de maratón de capítulos! En esa escena, Meredith prácticamente le ruega a Derek que la elija a ella antes que a su esposa (bueno, más o menos exesposa; una relación compleja y maravillosa al mejor estilo Shonda Rhimes).

No necesitas rogar para que alguien te elija. Esto no es un concurso de belleza. No estás en el escenario con un vestido lleno de lentejuelas, tratando de convencer al jurado de que tú, espectacular criatura, Miss New Hampshire, mereces ser la próxima Miss América.

Tampoco te estás postulando para un empleo en el que tienes que detallar tus virtudes con tal de conseguir el puesto. No tienes que presentar tus credenciales para el papel de pareja ideal. No pidas ser elegida. Tú tienes derecho de elegir a quien te haga sentir como deseas sentirte (¡hola, Preferencias alineadas con la esencia!) *y* permitir a esa persona que también te elija con total convicción.

Cuando caigas de nuevo en ese patrón de «por favor, elígeme» (porque pasará; somos humanos), trátate con cariño. Querer ser elegida es algo completamente normal y humano. Y, a la vez, elegirte a ti misma primero y permitir que alguien te elija sin necesidad de persuadirle es un acto de enorme fortaleza.

Esto suena más fácil de lo que es. Confiar en que alguien te vaya a elegir no es sencillo, sobre todo si te has pasado la vida esforzándote por mantener cada conexión a toda costa. En todas mis relaciones anteriores a Chris, mi marido, fui una chica «*pick me*». Suplicaba que me quisieran, que estuvieran ahí para mí. Durante ese proceso, me olvidaba de mí misma. Así fue como pasé muchísimas noches sin dormir y llorándole al teléfono a mis amigas más cercanas.

Si pudiera decirle algo a la Lily que hace diez años lloraba en el suelo de su piso, sería esto: No necesitas que alguien te elija para sentirte valiosa. Estar soltera no define quién eres ni cuánto vales como persona. Eres valiosa simplemente por estar viva y respirando en este planeta. Cuando aparezca la persona adecuada, te elegirá de una manera tan clara y evidente que ni siquiera llegarás a dudarlo. Esa persona se mostrará con claridad; no hará falta que te preguntes si es la indicada. Lo sentirás y la otra persona lo dejará claro.

Así que atrévete a invitar a alguien a salir, cocrea una primera cita, líala un poco y despídete y deja ir a quien no encaje. Esto abrirá el tiempo y el espacio para que lleguen las personas adecuadas. Toma decisiones rápidas basadas en la confianza en ti misma, muestra autocompasión y sigue actuando con empoderamiento. Si quieres atraer citas increíbles, refuerza tu plan de vivir con más alegría, juega al Bingo de Citas que encontrarás al final de este capítulo y empieza a marcar casillas. ¿Quién dijo que esto no podía ser divertido?

CUANDO TE RECHAZAN O TE HACEN *GHOSTING*

Puede que te gustaran mucho o que estuvieras a punto de despedirte y dejarlos ir, que te rechacen o te hagan *ghosting* duele igual. Cuando esto ocurre, es fácil caer en la trampa de crear historias sobre ti misma basadas en los condicionamientos patriarcales de siempre. Tal vez empieces a pensar que «no eres suficiente» o que «eres demasiado intensa». Pero es mentira.

Esa persona no era para ti, y te lo ha demostrado.

Quizá sientas que te han robado el poder de elección. Pues recupéralo. Su decisión dice algo clave sobre ellos: esa persona quedó descartada de tu vida amorosa. ¡ADIÓS! Es hora de expulsarlos de tu «tiempo del corazón».

Aunque tu ego más primitivo intente convencerte de lo contrario, su rechazo o *ghosting* no dicen absolutamente nada sobre ti. Lo único que significa es que esa relación no te habría aportado lo que *tú* necesitas. Sí, es difícil aceptar que no te vieran como la persona adecuada para ellos, por el motivo que sea. Y sí, es un poco decepcionante que no estuvieran listos o interesados en estar contigo.

Pero recuerda esto: es solo uno entre miles de millones de habitantes de la Tierra. Esa persona queda descartada de tu vida. Tu misión es encontrar a alguien que te elija de forma tan firme y evidente que no quede duda de que está hecho para ti.

Si tu mente empieza a bombardearte con pensamientos tipo: «¿Y si nadie me elige?», para un momento y respira hondo. Luego reenfoca esa idea con algo como: «Todavía no he conocido a todo el mundo. No sé todo lo que hay por descubrir. Las posibilidades son muchas más de las que ahora mismo imagino».

Ahora bien, si eres *tú* quien desaparece tras un par de citas o mensajes: deja de hacerlo. Esta es tu oportunidad para tomar las riendas. De lo contrario, es como si abandonaras un coche en marcha y dijeras: «¡No es culpa mía si se estrella! ¡Yo no iba dentro!».

En lugar de eso, prueba el mensaje de «despídete y déjalo ir» para manejar la situación de forma amable y clara. Puedes escribir algo como: «¡Hola! Gracias por la charla (o la cita). No estoy sintiendo una conexión romántica, pero te deseo lo mejor».

¡Y listo! Tema cerrado.

Si vuelves a caer en conductas dignas de una chica «*pick me*», vuelve al capítulo 3, el de Presumir sin pudor, y recuérdate lo increíble que eres.

CUANDO TE SIENTES MAL CON TU CUERPO, TU PERSONALIDAD O TU CARA

Ser humano en este mundo, especialmente si eres mujer, es increíblemente difícil. Por eso, tratarse con compasión es esencial.

Tu cerebro es un maestro resolviendo problemas, pero el problema está en que se empeña en intentar entender *por qué* aún no tienes pareja. Y lo más probable es que los datos que utiliza para llegar a esa conclusión estén distorsionados. Es muy fácil caer en el pensamiento de que «Es porque no tengo el cuerpo, la personalidad o el aspecto que debería tener».

Pero lo cierto es que:

Tu cuerpo es el cuerpo perfecto.

Tu cara es la cara perfecta.

Tu cerebro es el cerebro perfecto.

Si estas ideas te resultan casi imposibles de creer, es porque la cultura racista, sexista, capacitista, gordófoba, transfóbica, homófoba y patriarcal ha hecho un trabajo impecable convenciéndonos de lo contrario. Estés donde estés, liberarte del culto a la «insuficiencia» es una tarea crucial.

Para profundizar en el tema de tu valor inherente y explorar por qué tu cerebro tiende a despreciar tu cuerpo, te sugiero que leas estos dos libros como parte de tu plan de liberación: *The Body Is Not an Apology* de Sonya Renee Taylor, y *The Body Liberation Project* de Chrissy King.

QUÉ HACER CUANDO NO PUEDES EVITAR COMPARARTE CON LOS DEMÁS

Hay un episodio de *Parks and Recreation* (si no has visto todas las temporadas unas cuatro veces, ¿qué estás haciendo con tu vida?) en el que Ann, algo nerviosa, asiste a un evento de citas rápidas y se encuentra a su compañera Donna. Cuando la ve, corre hacia ella y le dice: «Qué alegría verte aquí. Es horrible hacer estas cosas sola».

Donna la mira y le responde: «¿No ves dónde estamos? Estamos en la jungla. Aquí no hay amigas. Cada mujer va a lo suyo. Las citas son un juego de suma cero: si tú te quedas con un hombre, entonces yo ya no puedo tenerlo. ¡Lárgate!»

Esta escena, además de ser hilarante, ilustra perfectamente por qué tanta gente cae en el ciclo tóxico de la comparación en el contexto de las citas. En una sociedad patriarcal que considera que las mujeres en pareja están «un paso por delante» de las solteras, no es de extrañar que el mundo de las citas parezca un juego de suma cero. Es lógico que parezca una competición feroz.

Compararse con los demás es algo natural. Quieres sentir que encajas en algún lugar y esa parte más instintiva de ti, la que necesita encajar, te impulsa a intentar parecerte a quienes te rodean. El mundo de las citas, al ser un terreno de tanta vulnerabilidad, puede hacer que tu mente retroceda a tu etapa de instituto, observándolo todo a tu alrededor, comparándote y buscando aquello que te haga sentir segura.

Pero la comparación no te lleva a ningún lado. Definitivamente no te ayudará a construir una vida amorosa llena de felicidad. Cada persona tiene su propio ritmo, y el tuyo no tiene por qué coincidir con el de tus amigas. Aprende a reconocer cuándo tu cerebro entra en ese modo de comparación. Detente, respira hondo, trátate con compasión y recuérdate estas frases:

> «Tengo que seguir mi propio ritmo».
>
> «Mi historia de amor es única y especial».
>
> «Ahora mismo tengo todo lo que necesito».
>
> «No hace falta que conozca todos los pasos a seguir para saber que voy por el buen camino».

CUANDO TE SIENTES SUMAMENTE DESESPERADA

Sentir desesperación no es el problema.

El problema es intentar tapar ese sentimiento con positividad tóxica.

Muchas de mis clientas me preguntan cosas como: «¡Estoy desesperada! ¿¿¿¿¿¿Qué hago??????» (Sí, esa cantidad de signos de interrogación es literal. La ansiedad es real).

El hecho de sentir desesperación no tiene nada de malo. Es una emoción más, como la alegría, la tristeza, la curiosidad o la frustración. Es una reacción de tu cuerpo y, como tal, necesita ser sentida para poder ser superada.

El verdadero problema aparece cuando tu cerebro interpreta esa desesperación como:

1. Que estás perdiendo el tiempo porque sentirte así te impide sentirte segura de ti misma.
2. Que si te sientes así, no estás haciendo nada por conocer a alguien y, por tanto, acabarás sola y con quince gatos.
3. Que necesitas que LILY TE SALVE DE SENTIRTE ASÍ.Esa sensación de pánico que hay detrás es completamente humana. Pero esa respuesta de «¡Esto tiene que arreglarse ya!» significa tratar a tus emociones como si fueran una enorme rata doméstica. (Sin ofender a los lectores que tengan ratas como mascotas… pero no es un animal que quiera en mi espacio personal. Si alguien se acercara y me ofreciera una, diría: «¡Quítala de mi vista!». Soy neoyorquina, así que lo primero que se me viene a la cabeza son las ratas del metro. No, gracias).

Esa idea de «Estoy desesperada, y eso significa que estoy perdiendo el tiempo, me estoy quedando atrás y nunca voy a encontrar a alguien» solo hace que te hundas más. Convertir esa idea en un hecho es lo que realmente te bloquea. La desesperanza es una emoción, no una verdad absoluta.

Intentar suprimir la desesperanza (o cualquier sentimiento difícil) con positividad tóxica es como hurgar constantemente en una herida sin dejarla sanar. Eres tú misma diciéndote, en un tono tenso y casi histérico: «¡No pasa nada! Solo tengo que superarlo. ¡Todo está bien!».

El origen de este patrón de positividad tóxica está en el patriarcado, que nos ha enseñado a reprimir nuestros sentimientos reales, a ser más agradables, sonrientes y animadas, para no perturbar el orden establecido y ser más complacientes con la gente (*cof cof*, los hombres) que nos rodean. Por lo tanto, una respuesta valiente y feminista sería intentar comprender la desesperanza desde una mirada compasiva, sentirla en todo tu cuerpo y luego actuar para reprogramar la vía neural que genera ese sentimiento.

Sé que deseas algo que todavía no ha llegado, y ese espacio que existe entre lo que quieres y lo que tienes puede ser muy difícil de habitar. Mostrarse vulnerable significa acudir incluso cuando no puedes controlar el resultado, y eso es precisamente lo que haces al salir con alguien. No tener el control es duro, y hará que los sentimientos afloren.

Permitir que esas emociones fluyan no solo profundizará tu conexión con tu humanidad, sino que también fortalecerá tu autonomía, tu confianza y tu capacidad de sentir alegría.

En lugar de entrar en pánico por sentirte desesperada o de intentar ocultarlo con positividad tóxica, trátate con amabilidad. Como dice mi amiga y experta en emociones, Megan Saxelby: «Tus emociones son tuyas, y tienes todo el derecho a sentirlas». No tienes que quedarte atrapada en ellas para siempre. Recuerda: para superarlas, primero hay que *sentirlas*. Identifica en qué parte de tu cuerpo sientes esa emoción, ponle un nombre específico, haz tres respiraciones profundas enfocándote en esa zona y di en voz alta: «Estoy dispuesta a sentir lo que sea para estar conmigo misma». Es importante que tu cuerpo entienda que ninguna emoción puede alejarte de ti misma. Luego sigue respirando y atendiendo a dicha emoción hasta que se disuelva. Este proceso es mágico.

Después de honrar tus emociones y dejarlas ir, es el momento de renovar la esperanza con mi desafío: Gracias, ¡quiero más, por favor!

GRACIAS, ¡QUIERO MÁS, POR FAVOR!

Esta práctica es mi forma de manifestar lo que deseo. Consiste en enseñar a tu cerebro a reconocer señales de que lo que deseas está ahí fuera *y* más cerca de lo que imaginas. El sesgo de confirmación a menudo nos impide ver estas señales (que, a veces, están justo delante de ti). Este reto te ayudará a mirar el mundo con otros ojos, a buscar las pistas de lo que deseas en tu vida amorosa y decir: «¡Gracias, ¡quiero más, por favor!», en voz alta y con frecuencia.

No se trata de caer en la positividad tóxica ni de obligar a tu cerebro a creer en algo que ahora te parece inverosímil. Se trata de llevar a cabo un proceso gradual con tal de ofrecerle a tu cerebro información nueva que desafíe las mismas historias limitantes de siempre. Ver las pruebas de que lo que deseas sí existe te prepara para encontrarlo más rápido y te anima a actuar con más confianza y determinación.

El desafío de «Gracias, ¡quiero más, por favor!» funciona de la siguiente manera: Fíjate hasta en el más mínimo detalle que refleje lo que deseas. Puede ser algo tan sencillo como tener una conversación divertida y coquetear con la persona que te sirve el café. Gracias, ¡quiero más, por favor!, quiero más conversaciones divertidas y coqueteo. O quizá ves a alguien atractivo saliendo de terapia. Gracias, ¡quiero más, por favor!, más inteligencia emocional y crecimiento. O puede que tengas una cita increíble con alguien, aunque sepas que no va a funcionar a largo plazo. Gracias, ¡quiero más, por favor!, más citas increíbles de las que disfrute y me hagan sentir deseada.

Cada vez que detectes una señal de que lo que deseas existe, di en voz alta: «¡Gracias, ¡quiero más, por favor!». Puede ser un murmullo o una exclamación llena de entusiasmo, lo que prefieras.

Pero el reto no acaba aquí, también implica actuar con valentía. Por ejemplo, dejar tu número a un camarero o camarera que te guste, sonreírle a alguien que te atraiga en la calle o incluso entrar al supermercado, quitarte los auriculares y entablar una conversación con alguien que te llame la atención. Sea lo que sea, tómalo como parte del desafío y repite: «Gracias, ¡quiero más, por favor!» a lo largo del día.

Así es cómo este reto marcó un antes y un después en mi vida. Yo quería escribir este libro. Soñaba con que llegara el día en que estuviera en tus manos, tal y como está sucediendo en este momento. Deseaba que mi libro saliera al mundo y que tú, mi brillante y preciosa lectora, lo leyeras y disfrutaras. Pero hace unos años, este sueño parecía completamente fuera de mi alcance. No conocía a nadie que hubiera conseguido un contrato editorial. Las personas que publicaban libros me parecían de otro mundo, como si ellos estuvieran en Marte y yo en *El Show de los Teleñecos*. Sentía que la meta estaba tan lejos que ni siquiera me atrevía a hablar del tema en voz alta, por miedo a parecer tonta ante quienes, asumía, también veían este sueño como algo remoto.

Mi cerebro estaba empeñado en tener razón (es un poco sabelotodo cuando se trata de mantenerme a salvo y en mi zona de confort). Se pasaba la vida buscando pruebas para demostrar que esa oportunidad era imposible.

Sin embargo, el deseo de compartir mis ideas feministas y de ayudar a personas distintas en todo el mundo con un libro como este se volvió imparable. Ya no podía silenciarlo más, era demasiado fuerte. Me atreví a ser vulnerable. Empecé a buscar pruebas de que este sueño no era tan descabellado. Hablé con tanta gente como pude sobre el tema. Fue entonces cuando conocí a una *coach* de negocios durante mi primer año como emprendedora. Ella organizó un evento con Richelle Fredson, una experta en propuestas editoriales que ayuda a conseguir contratos de publicación. Gracias, ¡quiero más, por favor! Me senté a su derecha y absorbí cada palabra de lo que decía. Un año después, cuando tuve el dinero, trabajé con ella. Gracias, ¡quiero más, por favor! Richelle me puso en contacto con otras personas que ya habían escrito un libro, y gracias a eso empecé a ver todas las pruebas de que este sueño sí era posible. Me ayudó a trazar un plan claro para alcanzar mi meta. Gracias, ¡quiero más, por favor! Dos años y medio después (y tras muchas negativas), conseguí a la agente perfecta y un contrato con la editorial de mis sueños.

El hecho de ponerme en el camino de las oportunidades y adoptar el hábito de decir «Gracias, ¡quiero más, por favor!» cada vez que veía pruebas de que lo que deseaba existía hizo que mi sueño comenzara a parecer posible. Esto me impulsó a dar pasos todavía más audaces hacia mi objetivo.

El reto de «Gracias, ¡quiero más, por favor!» tiene *respaldo científico*, concretamente el fenómeno Baader-Meinhof, también conocido como la ilusión de frecuencia. Este fenómeno ocurre cuando tu atención hacia algo aumenta, lo que te lleva a creer que sucede con mayor frecuencia, aunque en realidad no sea así. Por ejemplo, imagina que creciste en un lugar donde casi nadie tenía un Toyota Prius rojo. Un día decides que quieres uno, y de pronto empiezas a ver Toyota Prius rojos por todas partes. Entonces piensas: «¿Siempre han estado ahí? ¿Por qué antes no los veía?». Eso es precisamente lo que experimentarás durante el reto de «Gracias, ¡quiero más, por favor!». Al buscar de manera consciente pruebas de que lo que deseas existe, tu cerebro empezará a detectarlas, lo que generará nuevas conexiones neuronales. Y, adivina qué: esto abrirá un sinfín de oportunidades, tanto en el mundo real como en el virtual.

CUANDO SIENTES QUE NO ESTÁS PROGRESANDO EN TU VIDA SENTIMENTAL

Es hora de recibir una pequeña inyección de energía relajada, despreocupada y espontánea. ¿Qué harías si esto fuera solo un juego? ¿Cómo actuarías si el riesgo fuera mínimo? ¿Qué harías si no hubiera forma de hacerlo mal? ¿A quién escribirías, mandarías un mensaje o invitarías a salir? ¿Qué actividades harías solo por diversión? ¿Qué pregunta de S/D te animarías a hacer? ¿A quién despedirías y dejarías ir?

Una cita improvisada y espontánea también puede ser divertida, si adoptas el enfoque adecuado. Cuando tu intención es disfrutar y sentir más placer en tu vida amorosa, el progreso viene solo. No te apuntes a una cita que te haga sentir incómoda o no te convence del todo. Elige una que realmente te ilusione. Haz que tu única misión sea disfrutar, sin importar quién sea tu acompañante.

Otra forma de avanzar es tomando decisiones rápidas. La indecisión es la enemiga del progreso. Seguro que hay personas en las apps que no te convencen del todo o personas a las que quieres invitar a salir, pero estás a la espera de que den el primer paso, y eso te deja en un limbo de mensajitos sin rumbo. Toma una decisión. Cuando llegues al punto límite o les invitas tú o te despides y los dejas ir. Es imposible que digas algo inadecuado a la persona adecuada. Y si sientes que debes despedirte y dejar ir a alguien, hazlo: es imposible que pierdas a la persona adecuada. (Si realmente *es* la persona adecuada, de alguna forma *volverá* a tu vida).

Prueba. Experimenta. Toma decisiones.

Si te sientes atascada, lo más probable es que tu cuerpo esté viviendo una emoción intensa que llevas tiempo intentando reprimir. Presta atención a tu cuerpo y dale a tu sistema nervioso el cuidado que necesita. Haz tres respiraciones muy profundas. Túmbate boca arriba en el suelo y sigue respirando. Localiza la emoción en tu cuerpo y posa tus manos sobre esa zona con delicadeza. ¿Cómo puedes escucharte, aceptar tu humanidad y dejar atrás esas fantasías de perfección? No siempre podemos estar motivados. No te creas las mentiras de los gurús de la productividad.

No es posible estar siempre motivada ni ser productiva constantemente; es una consecuencia de la cultura tóxica del esfuerzo, alimentada por el supremacismo blanco, el patriarcado y el capitalismo. Esta mentalidad afecta negativamente a nuestro bienestar colectivo.

Aceptar que tu propio ritmo es válido y suficiente es un acto revolucionario de autodeterminación. Darte permiso para no estar siempre motivada en el terreno de las citas es una muestra de que tienes poder de decisión. Tu éxito en el amor no depende de cuánto te esfuerces por conseguirlo. Si así fuera, ya habrías encontrado pareja. Tómalo como una invitación para abrazar una mentalidad más fluida, para que valores tus etapas de energía, motivación e ilusión tanto como tus fases de descanso, calma y sanación.

CONECTA CON TU INTUICIÓN Y HAZ QUE CADA CITA SEA MEJOR QUE LA ANTERIOR

La clave para tener las mejores citas de tu vida es la confianza en ti misma.

¿Y cómo se construye esa confianza? Con mi sistema de reseñas de citas.

Esta herramienta te ayudará a dejar atrás las dudas paralizantes y a cultivar una confianza en ti misma profunda y clara.

Antes de usar este sistema, yo solía caer en el síndrome de «¿Le habré gustado?», basando todas mis decisiones en si creía que le había gustado o no a mi cita. Lo usaba como una especie de protección contra el rechazo, pero definir mis deseos en función de los de la otra persona era la receta perfecta para olvidarme de mí misma, algo que hice demasiadas veces en mis relaciones anteriores.

Mientras trabajaba como *matchmaker*, tenía una charla con cada clienta después de todas las citas para analizar cómo había ido. En cientos de esas conversaciones, observé que casi todas podían intuir si la persona con la que habían salido estaba interesada o no. Sin embargo, que llegaran a confiar en esa intuición o a actuar en consecuencia era otra cuestión completamente distinta.

Así fue como me di cuenta de que la confianza en una misma es un superpoder. El problema no era que no tuviera intuición, sino que tenía miedo de escucharla y actuar según lo que me decía.

Después de varias relaciones confusas que acabaron mal, decidí construir un sistema que me ayudara a conectar con mi intuición y reflejarla por escrito. Desde el principio sabía que esas relaciones no eran para mí, pero estaba demasiado inmersa en el síndrome de «¿Le habré gustado?» como para darme cuenta.

Después de cada cita, mi cerebro se llenaba de hormonas y se sentía abrumado por la cantidad de información que había procesado. Eso me llevaba a dar demasiadas oportunidades a personas que no encajaban conmigo, porque estaba demasiado confundida como para tomar decisiones claras. Ya que soy muy organizada, creé una hoja de cálculo para solucionar este problema.

Después de cada cita, reflexionaba, me hacía preguntas específicas y me obligaba a ser completamente honesta conmigo misma. Y funcionó. Cuanto más conectaba con mi intuición, más fuerte era mi confianza en ella. Cuanto más confiada me sentía, mejores eran mis citas y más personas encontraba que cumplían con mis PAE.

Luego utilicé este proceso para guiar a mis clientas en *cómo* escuchar a su intuición después de una cita y actuar en consecuencia. Esto les permitió tomar decisiones que las llevaban hacia relaciones *adecuadas*. Es un superpoder que la mayoría de las personas no aprovecha.

Lo que suele impedir que las personas confíen en su intuición y actúen en función de eso es el miedo al rechazo, la saturación de las apps de citas, la falta de fe en que lo que desean realmente existe y el hecho de no tener claro cómo quieren sentirse en la cita y en la relación adecuadas. El Sistema de reseñas de citas está diseñado para sembrar la confianza en ti misma en el campo de tu vida amorosa. Y te acercará a establecer conexiones más auténticas y relaciones más profundas.

El proceso es el siguiente: Utiliza un cuaderno o una hoja de cálculo para crear tu Sistema de reseñas de citas. Después de cada cita que tengas, responde a las siguientes preguntas dentro de las primeras veinticuatro horas:

- ¿Cómo se llama?
- ¿Cómo os conocisteis?
- ¿Qué fue lo que más te gustó de esa persona?
- ¿Hay algo que te haya resultado insulso o que directamente no te haya gustado?
- ¿Hubo algún tema de conversación que te hiciera sentir viva?
- ¿Te ha hecho buenas preguntas?
- ¿Descubriste algo sobre ti o tus preferencias durante la cita?
- Según tu intuición, ¿qué crees que pensó o sintió sobre ti?
- ¿Te gustaría tener otra cita con esta persona?
- ¿Cómo sería un siguiente paso que resultara bonito y auténtico?

Completa este cuestionario del Sistema de reseñas durante las veinticuatro horas posteriores a cada una de tus citas. Incluso aunque llegues a tener una segunda, tercera, cuarta y/o quinta cita. Es una herramienta valiosa para las primeras semanas o meses de cualquier relación nueva.

Mi clienta Eleanor estaba disfrutando de la buena vida en Seattle. Había tenido mil citas, la mayoría habían sido mediocres o directamente malas. Se sentía tan saturada de malas experiencias que había perdido la confianza en poder encontrar lo que realmente deseaba y en su capacidad para identificar a las personas adecuadas.

Después de leer los capítulos 1 al 7, estaba lista para tener las mejores citas de su vida. Pero no fue hasta que empezó a usar el Sistema de reseña de citas que pudo dejar de lado las dudas y las críticas para abrirle paso a las primeras semillas de confianza en sí misma. Después de seguir este sistema paso a paso, pudo empezar a visualizar sus preferencias de otra forma, reafirmar sus deseos y recopilar información que confirmara que lo que ella quería realmente existía.

Sus citas comenzaron a mejorar porque se volvió más consciente y reflexiva tras cada encuentro. Esto incrementó su confianza antes, durante y después de cada cita, lo que la llevó a confiar en sí misma por primera vez en toda su vida amorosa.

CUANDO CONOCES A ALGUIEN MARAVILLOSO

No pierdas la calma… acabas de conocer a alguien maravilloso.

Recuerdo que mi primera cita con Chris desembocó en cuatro citas más en la misma semana. Durante la segunda semana, hablé por teléfono con una amiga y, cuando me preguntó cómo iba todo, le dije: «Es raro. Me siento genial, pero es raro».

Estaba tan acostumbrada al rechazo, a que me ignoraran o me decepcionaran, que lo bueno me parecía extraño. A veces, mi cerebro intentaba resistirse a dejar entrar algo positivo en mi vida. Gay Hendricks, en su libro *Tu gran salto*, lo llama el «problema del límite superior» y se refiere al tope mental que ponemos en nuestra vida, un límite autoimpuesto sobre cuánto éxito, amor, felicidad o prosperidad creemos que podemos tener. Es un mecanismo de defensa que busca mantenernos dentro del ámbito de lo conocido, para que el cerebro se sienta seguro y piense que está al mando. Por eso, muchas veces entramos en pánico cuando aparece la persona adecuada.

La clave para superar este problema es anticiparse. Acepta que habrá momentos en los que tengas dudas, sientas nervios o miedo a que no salga bien y diseña un plan para manejarlo.

1. Intenta mantener tu sistema nervioso a raya y refuerza tu seguridad respirando hondo y siendo autocompasiva.
2. Intenta normalizar la situación y habla con tus amigos cercanos sobre esta nueva relación, pero evita anticiparte a los dramas. Permítete disfrutar de la posibilidad de esta nueva relación.
3. Conecta con tus preferencias y asegúrate de que esta persona nueva y fantástica te hace sentir como quieres sentirte en una relación. Atrévete a compartir tus sentimientos con esta persona y pregúntale cómo se siente.

Pide lo que necesitas y recuerda que no puedes decir algo inadecuado a la persona adecuada. Te pongo un ejemplo real: un mes después de empezar a salir con Chris, sentía que quería que tuviéramos más contacto entre semana. Él me enviaba mensajes durante el día o por la noche en cuanto podía tomarse un descanso del trabajo, y los fines de semana teníamos citas espectaculares que duraban dos días. Pero durante la semana, me quedaba con ganas de más. Así que le pregunté si estaría dispuesto a hablar por teléfono conmigo todas las noches. Él respondió: «Claro que sí».

Debes saber que me encanta hablar. Muchísimo. Y más aún con la persona de la que me estaba enamorando. Cada noche, pasábamos más de una hora hablando por teléfono, y yo lo disfrutaba al máximo.

Sin embargo, después de tres meses de este tipo de llamadas, Chris me dijo: «Te quiero, pero creo que estas llamadas se me hacen un poco largas. Me gusta tener algo de tiempo a solas para desconectar por la noche». Entonces, entre los dos, buscamos un punto medio: reducir las llamadas a diez o quince minutos por noche. Yo pedí lo que quería, él pidió lo que quería, y juntos encontramos una solución.

Preguntar cosas como: «¿Qué te parece la idea de ser exclusivos?», «¿Cómo te sientes respecto a nuestra relación?» o «¿Podemos hablar más? Me encantaría escucharte» no es algo que la persona adecuada vaya a ver como un problema.

Este es un gran ejemplo para demostrarte que arriesgarte a pedir lo que quieres, en lugar de intentar no equivocarte, te lleva directamente a la relación que deseas.

Y sí, ya sé que al principio de esta sección dije que no perdieras la calma. Me retracto. Has conocido a alguien increíble, ¡piérdela! Permítete sentir todo lo que tengas que sentir. Organiza una fiesta de «Gracias, ¡quiero más, por favor!» y grítalo a los cuatro vientos. Confía en ti misma y en que sabrás hacer las preguntas correctas y recopilar la información que necesites para decidir si esa persona es la adecuada para ti o no. Sea cual sea el desenlace, confía plenamente en ti y date el apoyo que necesitas, tanto si la relación prospera como si no.

CUANDO TE PREOCUPA QUE NO FUNCIONE

Uf, esta es difícil. Como persona con apego ansioso que en diez segundos puede caer en pensamientos ilógicos para protegerse del rechazo o la decepción, te entiendo.

Ahí va lo que puedes hacer cuando la ansiedad empieza a apoderarse de ti en el ámbito de las citas: crea un plan de acción para gestionarla. Se trata de una lista breve con cosas que puedes hacer cuando sientas ansiedad. El objetivo es recuperar un poco de estabilidad emocional y confianza en ti misma para afrontar el día con calma. Te propongo algunos pasos a seguir para cuando sientas ansiedad:

Haz ejercicio físico. Encuentra una actividad que te suba el ritmo cardíaco y te haga feliz. Una de mis favoritas es seguir una clase de baile fitness de Beyoncé en YouTube. Con diez minutos puede ser suficiente.

Haz una meditación de autocompasión. Mis preferidas están disponibles de forma gratuita en Self-Compassion.org.

Escríbele a tu terapeuta. Programa una cita. (Si no tienes terapeuta, busca recursos disponibles en tu área o comunidad. PsychologyToday.com es una excelente plataforma para empezar).

Escríbele a tu mejor amiga. Escríbele y explícale cómo te sientes. Pide apoyo de manera clara y directa.

Anota tus pensamientos. Sé compasiva contigo misma mientras los lees y pregúntate: «¿Qué otra cosa podría ser cierta?» o «¿Qué otro pensamiento útil y realista puedo tener sobre esto en este momento?».

La realidad es que, a veces, simplemente sentimos ansiedad, y eso es completamente normal. No pasa nada si no nos sentimos emocionalmente equilibradas el 100 % del tiempo. Somos seres humanos. Sin embargo, también puedes tener un plan para cuidar de ti durante esos momentos porque mereces ese cuidado. Recuerda: está bien ser un humano imperfecto y caótico.

Si no consigues salir del bloqueo con estas herramientas, aquí tienes un paso adicional mágico:

SUPERA EL BLOQUEO CON PREGUNTAS ELABORADAS

Las preguntas elaboradas te ayudan a salir del estancamiento y a activar tu capacidad creativa para resolver problemas (son útiles en todos los ámbitos de la vida, no solo en el de las citas).

La próxima vez que tengas una cita rara o insípida, en lugar de preguntarte: «¿Qué estoy haciendo mal?», haz una pausa, respira hondo y pregúntate:

«¿Qué oportunidad se está abriendo aquí?»

«¿Qué estoy descubriendo sobre mí y mis necesidades?»

«¿Cómo puedo buscar el apoyo que necesito?»

«¿Qué me dirían la autocompasión y la confianza en mí misma en este momento?»

A través de responder a estas preguntas, te estás permitiendo elegir ser creativa y encontrar las soluciones en tu interior. Tú eres tu mejor solución. Me encanta este consejo porque, en el fondo, significa que ya no me necesitas, y *es exactamente* de eso de lo que estoy hablando.

YO LO CREERÉ POR TI HASTA QUE TÚ TAMBIÉN PUEDAS CREERLO

Incluso con esta guía para afrontar tu vida amorosa y todo el trabajo increíble que has hecho, habrá días difíciles. Tendrás esos días de llorar en el suelo de tu habitación. Esos días en los que te preguntes: «¿De verdad es posible conseguir lo que quiero?».

En 2015, tuve uno de esos días. Llamé a mi amiga Rosie, llorando a mares. Ella siempre ha sido como un pilar para mí en mis peores momentos, y la admiro como si fuera mi hermana mayor. Habíamos recorrido juntas el enrevesado mundo de las citas cuando tenía veintitantos, y ahora ella acababa de comprometerse con un hombre increíble. Yo me sentía dividida entre la envidia, la alegría y el desconcierto respecto a cómo había logrado encontrar a alguien que la hiciera tan feliz.

En ese instante, sumida en uno de mis mayores momentos de desesperación, sentada en el suelo de mi apartamento, le dije: «No creo que sea posible encontrar a la persona adecuada para mí. No hay nadie que se acerque a lo que busco o a cómo quiero que me traten».

Y ella me respondió: «Lily, es muy difícil. No hay palabras mágicas que puedan convencerte de que sucederá. Pero yo sé, en lo más profundo de mi corazón, que aquello que está destinado para ti, tarde o temprano, llegará. Que la relación adecuada es inevitable. Y yo lo creeré por ti hasta que tú también puedas creerlo».

Después de haber pasado por ese proceso, dedicado tiempo a este trabajo y atraído al amor de mi vida, puedo decir con plena certeza que mi amiga tenía razón. Lo que está destinado para ti, tarde o temprano, llegará. Es más, voy a ir un paso más allá y decirte que creo que lo que deseas en tu vida amorosa es inevitable si decides comprometerte y pedirlo. No tengo la menor duda.

Para difundir el legado de apoyo que Rosie me brindó, y que a su vez recibió de alguien más: Estoy aquí, desde Brooklyn, creyendo que lo que deseas en tu vida amorosa está en camino. Y lo creeré por ti hasta que tú también puedas creerlo.

TAREA PARA EMPEZAR A LIARLA: Bingo de citas

Vamos a divertirnos, ¿te parece? Guarda esta página o ve a datebrazen.com/bingo y descarga tu bingo para imprimir. Completa las casillas en un plazo de un mes. Ponte en marcha, prueba cosas nuevas, acepta todas las emociones que surjan por el camino, y ¡líala un poco! Recuerda celebrar cada logro, por pequeño que parezca. Si te animas a jugar, te aseguro que en treinta días estarás disfrutando y ganando confianza en el mundo de las citas.

Haz contacto visual con cinco personas que te atraigan.	Regálate una cita de lujo contigo misma.	Di «hola» a tres desconocidos que te parezcan interesantes.	Invita a alguien a salir.	Establece un límite saludable en tu vida.
Practica una meditación de auto-compasión.	Tómate una tarde libre.	Llama a una amiga para charlar sobre ligar en persona.	Exprésate y pide lo que quieres durante un día ENTERO.	Acércate a una persona atractiva y hazle un cumplido sincero.
Permítete hacer algo divertido y ridículo.	Escucha a tu cuerpo antes que a tu mente.	TIEMPO LIBRE	Acepta que «bastante bien» es suficiente.	«Sentí que me iba a morir de los nervios, pero lo hice igual»
Di «Gracias, ¡quiero más, por favor!» en voz alta por diez cosas que te hayan alegrado el día.	Acude a una cita, ya sea virtual o presencial.	Despídete y deja ir a alguien.	Comparte tus Preferencias alineadas con la esencia con tu mejor amiga.	¡Celébrate de forma épica!
Atrévete a pedir algo ambicioso.	Dedica un día a hacer solo cosas que te den placer.	Planea otra cita contigo misma.	Invita a alguien a salir.	Escribe una carta llena de autocompasión dedicada a tu vida amorosa.

CONCLUSIÓN

Mi carta de amor para esa vida amorosa y alegre que te cagas

Mi querida y bella lectora:

Has llegado al final de este libro, pero también al comienzo del capítulo más emocionante de tu vida amorosa. Has hecho algo increíblemente valiente y revolucionario: tomar el control de tu camino en el amor. Eres una persona impresionante, y te mereces cada celebración, cada brindis y cada baile de alegría.

Estos ocho capítulos han sido una montaña rusa de trabajo duro y valioso. Ahora es momento de parar un segundo, respirar hondo y observar todo lo que has cambiado. Celebra cada victoria que has logrado.

Estoy increíblemente orgullosa de ti: de tu esfuerzo, de tu compromiso contigo misma y de haber dejado atrás todo aquello que no te hacía bien. Este es el tipo de ransformación que tiene el poder de cambiar tu vida para siempre. Gracias por permitirme acompañarte en este proceso. Espero que hayas entendido que mi misión siempre ha sido que confíes en ti misma para ser tu propia guía.

Solo funcionará si tú tomas cartas en el asunto.

Este es el momento de comprometerte: A tomar las riendas de tu vida amorosa. A cuidar tu bienestar emocional y a no huir de tus sentimientos. A actuar sin miedo a cometer errores, celebrando cada pequeña señal de que lo que buscas está a tu alcance y decir «Gracias, ¡quiero más, por favor!» cuando la veas y volviendo a este libro cuando necesites un empujón.

La herramienta más importante que necesitas es esta: actuar con propósito.

Actuar con propósito significa aprender a escuchar a tu cuerpo y emociones. Reconocer que eres un lugar seguro para tus propios sentimientos. Recordar que mereces ocupar tu lugar en el mundo.

Actuar con propósito también es *respirar* durante tus citas. Es usar tu sistema de reseñas después de las citas para reforzar la confianza en ti misma una y otra vez. (¡Tengo clientes que lo siguen utilizando incluso cinco meses después de haber iniciado una relación!). Implica creer que eres suficiente y valiosa justo ahora, tal como eres. No después de haber perdido unos kilos, ni dentro de unos años, ni cuando tengas pareja. *Ahora.*

Como alguien que siempre se sintió como la última opción de todo el mundo, cuyas relaciones (y citas) parecían terminar siempre mal, decidí dar un paso adelante, trabajar en mí y creer que merecía lo que deseaba. Hacer ese trabajo me liberó. Me liberó de pensar que tenía que reprimirme para encontrar el amor. Me liberó de las creencias patriarcales y del perfeccionismo que me paralizaban. Me liberó de consejos y normas inútiles sobre el mundo de las citas. Y, por encima de todo, me liberó de moldear mis deseos y necesidades en torno a si un hombre estaba dispuesto a satisfacerlos.

Espero que, a lo largo de este proceso, hayas aprendido que eres tú quien define las reglas. Mientras confíes en ti misma un poco más de lo que te cuestionas, tú estarás al mando. Y prosperarás porque has aprendido a apoyarte a ti misma. Hoy tienes las habilidades necesarias para abrir tu vida a las personas adecuadas y compartirla con ellas.

Un año después de que comenzara la pandemia, y cuatro años después de que Chris y yo iniciáramos nuestra relación, decidimos casarnos oficialmente. Habíamos pasado un año entero en cuarentena, compartiendo cada hora de cada día, en nuestro diminuto apartamento de Brooklyn. Para nosotros, no había prueba mayor de que nuestra relación era sólida que la alegría y las risas que compartíamos diariamente. Además, llevábamos años usando anillos antes de casarnos (no somos muy tradicionales que digamos). Recuerdo que, dos años después de empezar a salir, yo vivía en Astoria, Queens, y Chris vino a visitarme un fin de semana. Decidimos darnos un lujo y fuimos a Target. De repente, a Chris se le ocurrió que podíamos llevar anillos y fingir que estábamos casados por un día. Yo, como era de esperar, acepté de inmediato y me puse el anillo que mi abuela me había regalado hacía poco. Paseamos por los pasillos de Target, eufóricos, bromeando en voz alta: «Mi marido es divertidísimo» y «Mi esposa está obsesionada con Target». En la caja, nos pusimos a hablar con el cajero sobre las particularidades de la vida de casados.

Salimos de la tienda emocionados, encantados de que nadie hubiera descubierto nuestra pequeña farsa. Desde entonces, llevamos anillos todos los días. Esta es la señal de que estás perfectamente capacitada para encontrar la relación perfecta porque la verdad es que Chris y yo somos bastante tontos. Pero bueno, me estoy yendo por las ramas.

Cuando decidimos casarnos oficialmente, fuimos a una joyería y elegimos un anillo que simbolizara nuestra relación. En cuanto llegó por correo, dos semanas después, nos paramos delante de nuestro vestidor. Habíamos planeado hacer algo especial, un plan muy neoyorquino: un picnic en Central Park con el clásico momento de «arrodillarse». Pero lo miré y le dije: «No quiero esperar más». Él me respondió: «Yo tampoco» y, sin pensarlo, se arrodilló allí mismo, en el vestidor. Me dijo lo mucho que me amaba, que quería pasar el resto de su vida conmigo, y me pidió que me casara con él. Contesté «¡Sí!» al instante, con lágrimas de felicidad y una enorme paz interior. Entonces me arrodillé yo también y le pedí que se casara conmigo. Chris se emocionó, sonrió y dijo: «Claro que sí».

Dos años más tarde, celebramos nuestra boda, que fue de todo menos convencional. Nuestra ceremonia comenzó caminando el uno hacia el otro mientras cincuenta de nuestros seres queridos nos rodeaban formando un círculo. Saludamos a cada invitado con un abrazo y muchas lágrimas por el camino. Durante aquel día, no me escondí ni un solo instante. Decidí permitirme disfrutar, recibir y saborear cada segundo. Y así fue, todo sucedió de forma caótica, imperfecta, igual que el día en que Chris y yo nos encontramos. Fue un día lleno de alegría, conexión y certeza de que esta persona y esta relación eran lo que siempre había soñado. Literalmente, transformó mi química cerebral.

Aun así, mi cerebro seguía siendo un cerebro humano, con todas sus peculiaridades. De camino a la boda, ensayé mentalmente todas las tragedias posibles, sentí mucha ansiedad, intenté deshacerme de ella, volví a sentir ansiedad y viví una mezcla de emoción, nervios y felicidad, todo a la vez. Tuve que aplicar en mí misma todo lo que predico: tratarme con compasión, permitirme sentir lo que siento y aceptar que, a veces, la autocompasión se toma su tiempo en llegar. Hubo mucho baile, terapia y una buena dosis de *autocoaching*, todo con mucha delicadeza.

Ojalá pudiera decir que confiar en mí misma dejó fuera de juego la ansiedad que me generaba no saber si esta era la relación adecuada. Ojalá funcionara así, ojalá pudiéramos dejarnos llevar solo por las emociones positivas y dejar las negativas fuera. Pero el ser humano no funciona así, en especial en lo que respecta al amor.

En los meses anteriores a mi boda con Chris, tuve un par de momentos de crisis. Como hija adulta de padres divorciados (o simplemente como cualquier ser humano pensando seriamente sobre ese compromiso tan grande, hermoso y peculiar), creo que es algo totalmente normal. Una amiga escuchó mis miedos, que sonaban a: «¿Y si las cosas cambian?» o «¿Y si dentro de quince años somos personas completamente diferentes y decidimos separarnos?»

Me dijo: «Lily, tu miedo al divorcio también está influenciado por el patriarcado. Igual que la idea de que una relación te completa como persona. Puedes confiar en ti misma ahora, y también puedes confiar en que, dentro de cinco, diez, quince o veinte años seguirás confiando en ti».

«Vaya», pensé. «Tiene razón». Una vez más, me di cuenta de lo sigilosa que puede ser la influencia del patriarcado. Se cuela en tu alegría y en tus decisiones tomadas como mujer empoderada, intentando sembrar dudas sobre estas. Esto me llevó a entender que aún quedaba trabajo por hacer: más autocompasión, más conexión con mis emociones y más pasos hacia una libertad mayor. La relación adecuada no es cuestión de éxito o fracaso, sino de poner en práctica tu poder de decisión. Trata de cocrear algo mágico, equilibrado y lleno de pasión con la persona correcta.

Recuerda que este proceso es un despliegue sin prisas. Cuanto más consciente seas de la influencia del patriarcado, del perfeccionismo y de los pensamientos que intentan mantenerte en tu zona de confort, más oportunidades tendrás para generar avances y alcanzar nuevas cotas de libertad.

Tienes la capacidad de confiar en lo que es o no es correcto para ti. Todas las herramientas que utilicé para disfrutar del proceso de tener citas y atraer la mejor relación de mi vida tienen su raíz en la confianza en mí misma. Y esa misma confianza será la que te lleve a la mejor relación de tu vida. No me malinterpretes: construir la confianza en una misma, escucharse y actuar desde ahí es un trabajo duro, tremendamente caótico y de mucha vulnerabilidad. Y asusta, porque el perfeccionismo nos inculca la idea de que, si las cosas llegan a cambiar, confiar en nosotras mismas habrá sido un error. Y eso no es así.

Lo que volví a comprender entonces, y sigo reafirmando cada día que elijo confiar en mí misma, es que, pase lo que pase en los próximos cincuenta años, siempre me tendré a mí misma. Cuando confío en mí, sé que estoy haciendo lo correcto. Siempre.

Atraer la relación correcta, crear un espacio emocional seguro para amar y ser amada, y mantener esa confianza en ti misma es completamente posible para ti. Al igual que para Grace.

Grace y yo trabajamos juntas en 2020. Era una mujer extraordinaria de treinta y pico años, con una carrera profesional de lo más exitosa. Sin embargo, Grace prácticamente no había tenido relaciones románticas, y eso la hacía sentir que estaba varios pasos por detrás del resto respecto a su vida amorosa. Esto, al mismo tiempo, no tenía ningún sentido para ella, especialmente en comparación con todo lo que había resuelto y alcanzado a nivel profesional. En un intento por abordar la situación, decidió enfrentarse a este reto siguiendo al pie de la letra los pasos que comparto contigo en este libro. El problema era que, durante ese proceso, también tenía que lidiar con una carga enorme de estrés laboral. A cada paso que daba, Grace tenía que hacer esfuerzos tremendos con tal de recibir el mínimo respeto, y eso la dejaba exhausta. Se encontraba inmersa en un torbellino de problemas fuera de control. Por ello, aprender a confiar en sí misma se convirtió en algo fundamental.

Cuando finalmente Grace comenzó a trabajar en ese aspecto en el ámbito amoroso, sintió que debía tomarse un descanso indefinido del mundo de las citas. Absorbió cada lección, completó nuestra Tarea para empezar a liarla, dejó atrás el condicionamiento patriarcal de su vida amorosa, se hizo preguntas elaboradas y se permitió un descanso genuino.

Aprendió a ser paciente con esa voz interior que gritaba: «¡Sal con alguien ya mismo! ¡Estás perdiendo el tiempo! ¡El reloj sigue corriendo!». En vez de ceder, empezó a mostrar autocompasión y eligió confiar en que estaba bien seguir su propio ritmo. Sabía que, si confiaba en sí misma, no podía equivocarse.

Nueve meses después de terminar el trabajo en el que estábamos colaborando, Grace se mudó, encontró un nuevo empleo y me escribió este correo electrónico:

> Hace un mes tuve una primera cita increíble y ahora ¡¿estoy en una relación seria?! No puedo creer lo alegre, segura y divertida que está siendo esta experiencia. Esta mañana me ha dado una sorpresa: ha aparecido en la puerta de mi casa a las siete de la mañana con mis bagels favoritos, así que creo que las cosas marchan bastante bien. Me estoy sorprendiendo a mí misma por cómo estoy afrontando todo esto.
>
> Soy mucho más abierta, vulnerable, cariñosa, comunicativa y consciente de mis necesidades y deseos que nunca. Ha sido increíblemente liberador y me ha hecho sentir más segura respecto a las bases que, espero, estoy empezando a construir con esta persona.
>
> No habría llegado hasta aquí de no ser por ti. Trabajar contigo fue como entrenar para todo lo que estaba por venir. ¿Quién lo hubiera dicho? La respuesta es: tú. Gracias, gracias, gracias.

Cuando abrí este correo me eché a llorar de felicidad. Eso es. Eso es lo que ocurre cuando afrontas tu vida amorosa con las herramientas correctas y una confianza profunda en ti misma. Años después, Grace y su pareja siguen juntos, y su relación me llena de felicidad.

Ese tipo de relación expansiva y mágica, del estilo «me sorprende con mi bagel favorito a las siete de la mañana», también está al alcance de tu mano. Estoy convencida de que, en un futuro cercano, podrás decir lo mismo: «No creí que fuera posible, pero ahora que lo estoy viviendo, por supuesto que lo era».

Por supuesto que lo que deseas es posible.

Por supuesto que puedes confiar en ti misma.

Por supuesto que tu valía no depende de tu situación sentimental.

Por supuesto que tienes derecho a querer lo que quieres.

Por supuesto que tu historia de amor será imperfecta, caótica y tuya.

Y, por supuesto, que la relación adecuada será inevitable cuando te comprometas contigo misma y con tus deseos.

No es que Grace sea diferente a ti. No es que ella tenga algo mágico que tú no posees. No es que yo tenga algo mágico que tú no tienes. Es la magia de confiar en una misma, algo que está al alcance de todas. Lo que quiero que te lleves de este libro es esa magia: la confianza absoluta en lo que deseas y en cómo conseguirlo.

Esa vida amorosa llena de alegría y esa relación extraordinaria que te nutre el alma están al otro lado del caos y de tomar decisiones alineadas, valientes y poderosas para ti y para tu vida sentimental.

Incluso cuando Grace se preguntaba: «¿*Cómo* es posible que esto funcione?», decidió profundizar todavía más en estas lecciones y actuar con valentía y confianza en sí misma. Esa confianza en sí misma y en sus deseos tuvo grandes recompensas. Y lo mismo ocurrirá contigo.

Es un privilegio ser tu guía en este viaje.

Estás lista.

Gracias por comprometerte contigo y con tu vida amorosa a lo largo de este libro. Ahora es el momento de pedir (y atraer) más.

Lo tienes todo para lograrlo, y yo estaré aquí para apoyarte.

AGRADECIMIENTOS

Como alguien que nunca se salta la sección de agradecimientos y siempre acaba llorando, estoy emocionadísima de que ahora me toque a mí dar las gracias a quienes hicieron posible este libro (*y, por cierto, escribo esto entre lágrimas de alegría mientras escucho la banda sonora de* The Holiday, *así que súbete a este barco si te apetece*).

A mi agente literaria, Johanna Castillo, de Writers House: gracias por apostar por mí y por este libro. Y también a Victoria Mallorga Hernández, gracias por todo tu apoyo; lo valoro muchísimo.

A mi editor, Krishan Trotman: Ser autora de Legacy Lit es un verdadero honor. Gracias por confiar en mí y en este libro. A todo el equipo editorial cuyo talento dio forma a *Pide lo que mereces*: Amina Iro, Elisa Rivlin, Eileen Chetti, Tareth Mitch, Albert Tang, Dana Li, Shreya Gupta, Maya Lewis y Tara Kennedy.

A Leah Lakins, mi increíble editora: gracias por cada reunión, cada correo electrónico y cada palabra de ánimo. Tu entusiasmo, apoyo y conocimientos han sido esenciales para llegar a la meta con un libro que adoro. Gracias.

A Richelle Fredson: conocerte en febrero de 2020 fue una de las mejores cosas que me han pasado a nivel personal y profesional. Gracias por ayudarme a crear la propuesta de libro más hermosa del mundo y por creer que todo lo que deseaba era posible. Tu amistad es muy importante para mí.

A mi terapeuta y a los *coaches* increíbles que han estado conmigo durante este proceso: escribir un libro es como excavar en las profundidades de la vida misma, y me habéis ayudado a navegar este proceso de manera poderosa e imperfecta.

A todas las personas que han formado parte de *Team Date Brazen* en los últimos años: muchísimas gracias. En especial a Jayla Rae. Tu apoyo hizo posible que pudiera escribir un libro y sacar adelante un negocio maravilloso, que no es poco. Eres increíble.

A todos mis clientes: gracias por ser una fuente inagotable de inspiración. Acompañaros y ver cómo aplicáis las lecciones de *Pide lo que mereces* ha sido uno de los mayores privilegios de mi vida. Gracias también a todos los oyentes de *Date Brazen Podcast* y a la comunidad. Me encanta ser vuestra *coach* de citas.

A Laura Camien y Susan Blackwell: gracias por ayudarme a derrotar a mis vampiros de la creatividad, superar las dudas y lanzarme a crear.

A mis valientes, divertidísimos, maravillosos e inspiradores amigos: no habría podido escribir este libro sin nuestras largas charlas paseando, nuestras conversaciones por chat y nuestras sesiones de «tirarnos flores mutuamente». Megan, Sonia, Jessie, Abby, Rosie, Phillip, Lindsay, Rachel, Damaly y Martha, gracias. A Chrissy King: gracias por tu apoyo y por marcar el camino como autora. Eres una inspiración constante para mí.

A mi familia: Papá: gracias por enseñarme a escribir y a hacerlo bien. Tus comentarios sobre mis deberes de quinto de primaria (y todos los anteriores y posteriores) fueron frustrantes en su momento, pero me enseñaron a contar mis historias, abrir el corazón y llegar a la gente. Me encanta aprender de ti y te estoy muy agradecida.

Mamá: gracias por enseñarme a usar mi voz, desde para cantar en armonía perfecta a tres voces hasta para defenderme a mí misma y a los demás. Es una habilidad que me acompaña cada día, y te doy las gracias por ello.

Hank: tu corazón, tu pasión y tu bondad me inspiran a diario. Gracias por ser el compañero más fiel y solidario.

Os quiero muchísimo.

A mi marido, Chris: eres mi mejor opción, mi escenario ideal. Gracias por ayudarme a hacer este libro realidad. Por todo tu amor y apoyo, por las comidas deliciosas que me ponías delante cuando perdía la noción del tiempo escribiendo, por las charlas con café de por medio y por tu inspiración. Te estoy infinitamente agradecida y me siento muy afortunada. Todo lo demás no importa.

Y a ti, querida lectora: gracias por permitirte buscar apoyo en este libro. Espero que sea la chispa que encienda una revolución feminista y de confianza en ti misma y en tu vida amorosa (y más allá). Lo que deseas es posible y, mientras tanto, yo lo creeré por ti hasta que tú también puedas creerlo.